天津市职业培训包项目研究与开发

褚建伟　王立晖　著

图书在版编目(CIP)数据

天津市职业培训包项目研究与开发 / 褚建伟，王立晖著. —天津：天津大学出版社，2019.1
ISBN 978-7-5618-6355-8

Ⅰ.①天… Ⅱ.①褚… ②王… Ⅲ.①职业培训—天津 Ⅳ.①C975

中国版本图书馆CIP数据核字(2019)第024244号

出版发行	天津大学出版社
地　　址	天津市卫津路92号天津大学内（邮编:300072）
电　　话	发行部:022-27403647
网　　址	publish.tju.edu.cn
印　　刷	廊坊市海涛印刷有限公司
经　　销	全国各地新华书店
开　　本	169mm×239mm
印　　张	11.75
字　　数	300千
版　　次	2019年1月第1版
印　　次	2019年1月第1次
定　　价	49.00元

Preface 序

《中华人民共和国国民经济和社会发展第十三个五年规划纲要（2016—2020）》明确提出，建立国家基本职业培训包制度。

职业培训包是为加强职业培训标准化管理，综合新经济、新产业、新职业发展，依据职业标准或企业岗位技术规范，针对某一职业（工种）开发的集培训目标、培训要求、培训内容、考核大纲等于一体的职业培训资源总和，是职业培训机构对劳动者开展政府补贴职业培训服务的工作规范和指南。开展职业培训包开发工作，有利于创新培训理念和模式，实现培训理论教学与实践教学融通合一，使广大劳动者培训后真正掌握职业技能，实现职业技能与岗位的有效衔接。

职业培训包可分为国家基本职业培训包和地方（行业）特色职业培训包两大类。国家基本职业培训包由中华人民共和国人力资源和社会保障部组织制定颁布，地方（行业）特色职业培训包由各省（区、市）人社厅（局）或人社部门会同有关部门和行业协会制定颁布。

天津市委、市政府始终高度重视职业培训工作和高技能人才队伍建设。为进一步加强职业培训工作，创新职业培训模式，天津市率先开发应用职业培训包，创造性地将职业标准、教学教材、实训考核等内容规范打包，构建了"一包方式管培训"的新模式。天津市政府印发了《天津市"职业培训包"项目开发实施方案的通知》，要借鉴国外开展职业培训的经验，依据国家职业资格证书的要求，结合天津市经济社会发展实际对职业岗位的要求，按照需求性、开放性、创新性的原则，选择涉及公共安全、人身健康、技术技能复杂、从业人员多的职业，通过向社会公开招标的方式，遴选开发单位，有计划地开发具有天津特色的"职业培训包"，以满足天津市经济社会发展和全面提高劳动者素质的需求。

天津现代职业技术学院是国家示范性骨干高职院校，尤其食品生物、精密机械等轻工业类专业在全国名列前茅，是全国生物技术及应用教学资源库主持单位、全国轻工行业钟表与精密制造职业教育集团秘书长单位。天津现代职业技术学院主持了天津市职业培训包项目“食品检验工”“钟表及计时仪器制造工”“啤酒酿造工”“白酒酿造工”“西式面点师”5个工种25个包的建设，取得了丰硕的成果，并且开展实验性培训，为相关企业服务，应用效果良好。

本书详细介绍了天津市职业培训包项目开发背景与开发要求，包括项目管理办法、项目验收方案、项目评估细则等内容，并且对天津市职业培训包项目开发过程各项具体要求进行了指导说明和规范要求。最后本书以天津现代职业技术学院主持开发的项目为例，对开发成果进行了展示说明，包括培训包企业调研与标准提升、标准包开发成果、指南包开发成果、资源包开发成果、实验性培训报告等内容。

本书对于从事职业培训包开发与建设的人员以及从事食品生物、精密机械等相关轻工类专业的生产企业、科研机构、培训鉴定机构等具有很好的借鉴作用。

中国轻工业联合会
中国轻工业人才交流培训中心
孟琪
2019年1月于北京

Contents 目录

第一部分　天津市职业培训包项目开发背景与开发要求

第一章　天津市"职业培训包"项目开发背景 …… 2

第二章　天津市"职业培训包"项目管理办法 …… 9

第三章　天津市"职业培训包"中期验收方案 …… 14

第四章　天津市"职业培训包"实验性培训指导 …… 18

第五章　天津市"职业培训包"验收方案 …… 21

第六章　天津市"职业培训包"项目评估细则及评估打分表 …… 27

第二部分　天津市职业培训包项目开发指导

第七章　天津市"职业培训包"项目开发指导 …… 40

第三部分　天津市职业培训包项目开发成果

第八章　天津市"职业培训包"企业调研与标准提升 …… 74

　第一节　啤酒酿造工"职业培训包"企业调研报告 …… 74

　第二节　啤酒酿造工职业标准提升说明 …… 82

　第三节　啤酒酿造工职业标准提升展示 …… 83

第九章　天津市"职业培训包"标准包开发成果 …… 86

　第一节　钟表及计时仪器制造工职业标准 …… 86

　第二节　钟表及计时仪器制造工培训标准 …… 89

　第三节　钟表及计时仪器制造工的考核标准 …… 92

　第四节　钟表及计时仪器制造工师资配备标准 …… 98

　第五节　钟表及计时仪器制造工培训场所标准 …… 99

第十章　天津市职业培训包指南包开发成果 …… 102

　第一节　白酒酿造工职业指南 …… 102

　第二节　白酒酿造工培训指南 …… 109

第三节　白酒酿造工考核指南…………………………………………………… 113
第十一章　天津市职业培训包资源包开发成果……………………………………… 118
第一节　食品检验工课程资源…………………………………………………… 118
第二节　食品检验工学习资源…………………………………………………… 122
第三节　食品检验工信息资源…………………………………………………… 161
第十二章　天津市职业培训包实验性培训报告……………………………………… 167
附录　天津市“职业培训包”开发项目封面信息　………………………………… 178

第一部分

天津市职业培训包项目
开发背景与开发要求

第一章 天津市“职业培训包”项目开发背景

一、研究背景

(一)探索职业培训模式是扩大就业规模、提高就业质量的需要

职业培训作为职业教育的重要形式之一,与经济社会发展和劳动者就业有着密切的联系。改革开放以来,天津市的职业培训工作虽已取得了显著成效,对促进就业和经济社会发展起到了重要作用,但还存在政策体系不完善、职业标准陈旧、培训手段落后、培训方式单一、培训的针对性和有效性不强等问题,不能适应经济社会快速发展、产业结构优化升级和劳动者高素质就业的需要。当前,天津市就业结构性矛盾突出,高校毕业生、农村转移就业劳动力、城镇失业人员的就业压力还将长期存在。因此,探索职业培训新模式,提高职业培训的针对性和有效性对于落实《国务院关于加强职业培训促进就业的意见》(国发〔2010〕36号)精神,实现“培训一人、就业一人”和“就业一人、培训一人”的目标,具有重大意义。

(二)探索职业培训新模式是落实天津市中长期教育改革和人才发展纲要的需要

《天津市中长期人才发展规划纲要(2010—2020年)》(津党发〔2010〕8号)明确提出,天津市加强高技能人才队伍建设的发展目标是“适应走新型工业化道路和产业结构优化升级的要求,以提升职业素质和职业技能为核心,以技师和高级技师为重点,形成一支门类齐全、技艺精湛的高技能人才队伍”。“职业培训包”的整体定位是:政府部门主导,研究制定就业准入办法;行业、企业根据职业标准和实际需求,开发“职业培训包”;职业院校依照“职业培训包”,整合课程资源,开展一体化“双证书”培训,使在校学生毕业时即可获得学历证书和职业资格证书,使在岗和待岗人员通过培训获得上岗需要的职业资格证书。开发“职业培训包”,探索具有天津特色

的职业培训模式，是落实天津市中长期教育改革和人才发展纲要提出的目标任务的必然选择。

（三）探索职业培训模式是实现天津城市定位的需要

高技能人才是我国人才队伍的重要组成部分，是各行各业产业大军的优秀代表，是技术工人队伍的核心骨干，在加快产业优化升级、提高企业竞争力、推动技术创新和科技成果转化等方面具有不可替代的重要作用。天津市技能人才队伍建设取得了显著成就，技能人才总量达到 132 万人，其中高技能人才的比例达到 26.5%。但是，随着滨海新区开发纳入国家发展战略，天津作为加工制造业的研发转化和生产基地、北方物流中心和现代化港口城市，伴随着产业结构优化升级、城乡一体化发展，对职业培训工作和高技能人才队伍建设提出了更高要求。开发“职业培训包”，探索具有天津特色的职业培训模式，建设一支规模宏大、结构合理、技能精湛、素质优良的高技能人才队伍，是实施天津定位的迫切要求。

二、创新“职业培训包”培训模式，提升职业标准和培训水平

（一）开发“职业培训包”，提升职业标准

职业技能培训是为适应经济社会发展的需要，以国家职业标准为依据，以培养劳动者技能水平和职业能力为目的，对准备就业和已经就业的劳动者进行的规范性培训。当前我国以《中华人民共和国职业分类大典》为依据，逐步制定了代表全国经济发展体系水平的国家职业标准，建立了对劳动者按照初级工、中级工、高级工、技师、高级技师 5 个等级进行评价的职业资格证书制度。这一制度对劳动力技能评价、人力资源市场建设以及劳动者技能水平提高发挥了重要作用。

天津正在打造北方经济中心，实施高端化、高职化、高新化发展战略，建设先进制造业和现代服务业，高新产业快速发展，高新企业大量引进，高新技术大量应用，但是国家职业标准更新缓慢，现行国家职业标准已不能满足天津经济发展的需求，表现为职业能力要求水准低，先进技术、先进设备应用滞后，迫切需要引进国外的先进理念，开发“职业培训包”，提升职业（技能）标准。

（二）开发“职业培训包”，提升职业技能培训水平

现行的职业技能培训实行的是结果管理。职业技能培训一般是由教学管理部门或培训教师，依据国家职业标准和岗位技能需要，使用已有的培训设备，制订培训计划，选择培训教材，采用教师熟悉的培训方式进行培训，培训质量和效果受自身培训条件和教师影响很大，不同学校之间培训质量差异也很大。采用“职业培训包”培

训属于过程管理。开发者在国家职业资格框架下，在充分调研、了解当地企业生产技术和设备、工艺、材料的基础上，开发职业标准、教学内容、教学形式、培训教材、考核标准、师资标准、实训条件，制定培训规范，并且根据技术和经济发展情况进行修改、完善，不论哪个学校、哪个教师，都要按照这个标准进行培训和考核，从而实现对培训过程各个环节的规范管理，保证培训质量和效果的统一性和适用性，以满足天津市企业生产的实际需要。

（三）开发“职业培训包”，建立职业技能培训超市

职业技能培训的对象主要是在职职工、职业院校在校生和失业人员 3 类人群，培训等级分为初级工、中级工、高级工、技师、高级技师 5 个等级，每个等级又由若干专项能力组成。现行的职业技能培训内容是按职业等级划分的，每一个等级是一个独立的培训单元，不论什么人员，都要按照职业等级进行系统培训。开发“职业培训包”要把某个职业等级按内容拆分为若干职业单元，按职业单元设置培训内容，建立培训超市。各类人员根据自身需要，尤其是对于已经掌握某个方面技能或仅需要某个单元技能的人员，到培训超市选择培训模块即可，不需要按某个职业等级进行全部培训，从而使职业技能培训更具有针对性和实用性。

三、“职业培训包”的模式与功能

（一）“职业培训包”的模式

“职业培训包”的定义为：依据国家职业标准，针对某一职业各层次的培训对象进行职业技能培训的资源总和（包括职业标准、教学内容、培训教材、教学形式、考核标准、师资标准、实训条件等）。

“职业培训包”的模式是在国家职业标准和国家职业资格证书制度框架下，将培训资源“集中打包”“捆绑作业”，形成规范、标准、科学的培训模式，建立与之相适应的培训资源，采用先进的培训技术和培训方法开展职业培训，提升培训质量和培养效果。

“职业培训包”以《中华人民共和国职业分类大典》中的职业冠名，以职业技能等级打包。如维修电工职业含有 5 个培训包：维修电工职业（初级）培训包、维修电工职业（中级）培训包、维修电工职业（高级）培训包、维修电工职业（技师）培训包、维修电工职业（高级技师）培训包。

（二）“职业培训包”的功能

“职业培训包”具有以下功能。

（1）“职业培训包”要成为职业培训的纲领性文件。“职业培训包”依据国家职业标准确定培训标准，对培训模式、培训内容、培训方法、师资队伍、设备与环境等方面进行规范化和标准化，是职业技能培训组织、实施和规范管理的依据。

（2）“职业培训包”要成为培训教师从事职业培训工作的技术性文件。“职业培训包”有丰富的培训资源，供培训对象、培训教师、培训机构使用。其资源的先进性和可操作性不仅方便教师直接选用，而且能为教师采用先进的教学手段提供方便。所以，“职业培训包”不仅是培训教师从事职业培训工作的技术性文件，也是教师上岗培训、指导学员训练的得力工具。

（3）“职业培训包”要为学员搭建即时学习训练的平台。“职业培训包”可提供培训导航服务和信息咨询服务。其丰富的学习资源可成为学员学习和训练的极好帮手。

（4）“职业培训包”要为鉴定考核提供服务。“职业培训包”是职业技能鉴定考核的规范性标准，其鉴定规范和鉴定指南是职业技能鉴定考核评价的依据。

（5）“职业培训包”为培训机构建设提供服务。“职业培训包”要针对培训机构的环境设施问题、培训设备配备问题、培训师资配备及能力水平问题建立一系列标准，能为培训机构完善机构建设、建设培训教师队伍、开展硬件环境建设、规范管理制度等提供依据和标准要求。

（三）“职业培训包”的主要特色

“职业培训包”的主要特色如下。

（1）提升培训标准，规范培训过程，监控评价考核。“职业培训包”开发要做到依据科学、内容先进、资源丰富、方法创新、使用方便，在国家职业资格证书制度框架下形成标准化、规范化的职业培训技术性与指导性文本。

（2）创新培训模式。一是采用项目化培训，结合职业的工作条件、典型工作任务、综合职业能力要求，在调研、分析的基础上确定开发项目，设置培训课程，精选培训内容。由生产项目导入学习和训练内容，从“用”入手“学”，使学习内容与训练项目紧密结合，使理论学习与实际操作结合。二是采用职业化培训，职业技能工种培训必须体现职业属性，把企业对职业属性的要求体现在培训包中，把学习训练过程与生产过程结合，把培训过程作为生产能力培养过程。三是采用模块化（菜单式）培训，将职业等级划分为课程模块和训练项目模块，方便不同等级的培训学习和考核鉴定，适应培训对象不同层面的需求。四是新技术应用培训，既根据行业、企业需求，不断拓展“职业培训包”覆盖的职业范围，又根据职业发展情况，不断调整更新“职业培训包”的内容，保持技术应用的先进性。

（四）“职业培训包”的应用

“职业培训包”在应用过程中，通过边开发、边推广的方式，重点面向3类人群（在职职工、职业院校在校生、失业人员）开展业务培训。

职业培训应以行业企业为主体，以职业院校为基础，以职业培训机构为补充，以校企合作为纽带，实施“职业培训包”培训模式，实现职业教育、学历教育与社会培训规模达到1∶2的比例，切实提高培训质量，提升职业院校毕业生、社会各类人员的职业技能与水平。

四、“职业培训包”的开发思路

（一）总体思路

“职业培训包”的开发思路为：在国家职业资格证书制度框架体系内，依据国家职业标准，结合天津市经济社会发展对职业岗位的实际要求，借鉴国内外开展职业培训的经验，遵循校企联合“项目开发—项目实施—项目完善”的总体思路，先易后难，重点优先，充分覆盖，有计划地开发“职业培训包”，以满足天津市加快转变经济发展方式、调整优化经济结构对高水平职业培训的需要。

（二）开发原则

（1）需求性原则。结合天津市支柱产业、优势产业对技能人才的需求，根据相关职业工作条件、典型工作任务、综合职业能力要求，在调研、分析的基础上确定开发项目，设置培训课程，精选培训内容。

（2）开放性原则。充分利用社会各类资源，通过项目招标、委托等方式，在行业、企业、职业院校、科研院所、职业培训机构中遴选出承担“职业培训包”项目开发任务的单位。开发单位既要根据行业、企业需求，不断拓展“职业培训包”覆盖的职业范围，又要根据职业发展情况，不断调整更新“职业培训包”的内容（如培训项目、培训课程、培训内容等）。

（3）创新性原则。培训内容应及时吸纳新技术、新工艺、新设备、新材料，开发单位不断创新培训方法，开发具有创新性的“立体化”教材，适应培训对象不同层面的需求。

（三）开发方式

（1）优选“职业培训包”项目开发单位。充分利用社会各类资源，通过科研项目招标方式，面向行业、企业、职业院校、科研院所、社会培训机构等，遴选具备开发条件的单位。

（2）实行“职业培训包”项目管理制度。按照目标管理与过程管理相结合的方法，对“职业培训包”实行项目管理，建立开发流程，规范开发程序。依据开发流程，将“职业培训包”项目开发的选题申报、日常管理、验收等环节全面纳入规范化管理。承担开发任务的单位需严格按照“职业培训包”开发指南，“职业培训包”开发模板完成开发任务，确保“职业培训包”的标准化、规范化。

（3）节点监控跟踪开发与实施的过程。“职业培训包”开发是围绕职业培训的一种创新性实践活动，包含丰富的实用性资源，其过程是一个边开发边研究、边实践边总结、边论证边应用的过程。节点监控跟踪开发与实施的全过程就是按照边开发边研究、边实践边总结、边论证边应用的工作过程，划分开发节点，确立监控指标，建立专家跟踪小组，实施全过程监控和指导，确保开发工作依照拟设计的目标和方向顺利进行。

（四）工作目标

在政府主导下，充分发挥企业、职业院校、科研院所等社会力量的作用，根据国家职业标准和经济社会发展的需要开发“职业培训包”，建立根据“职业培训包”开展职业培训的模式。2012 年，天津市启动 40 个职业的 200 个培训包开发工作；2013—2014 年，总结应用“职业培训包”，开发 120 个职业的 600 个培训包；2015—2018 年，基本完成覆盖涉及公共安全、人身健康、生命财产安全等职业（工种）、技术技能复杂、从业人员多的 200 个职业的 1 000 个“培训包”项目开发任务，通过边开发边推广的方式，重点面向在职职工、职业院校在校生、失业人员 3 类人群开展职业培训；全面推行职业资格证书制度、使“职业培训包”项目职业的岗位持证率达到 80% 以上。

（五）培训包开发的措施与方法

（1）建立领导机构。在培训包开发过程中，天津市成立“职业培训包”项目开发工作领导小组（以下简称领导小组），主要职责是统筹协调和组织推动天津市“职业培训包”项目开发和实施工作。领导小组下设办公室，负责日常工作，办公室设在天津市人力资源和社会保障局。领导小组办公室的职责是：组织召开工作会议，制订工作方案，搞好政策宣传；加强与有关部门的沟通协调，收集和掌握各项工作进展情况，定期向领导小组各成员单位通报相关信息。

（2）纳入市级科研课题规划。将“职业培训包”项目作为专项研究课题，纳入天津市“十二五”科研课题规划，实施规范化管理，调动开发人员的积极性。

（3）加大资金扶持力度。“职业培训包”开发既是创新性工作，也是一项长期、复杂、艰巨的工作，需要各方面的支持以及一定的人力、物力和资金投入。

（4）全面推行职业资格证书制度。职业院校和职业培训机构依照“职业培训包”开展灵活多样的培训，经过培训达到“职业培训包”要求的学员，经考核合格后可获得相应的职业资格证书。

（5）“职业培训包”项目开发流程按照项目开发、试验与改进、验收与发布 3 个阶段进行。

第二章 天津市“职业培训包”项目管理办法

为加强“职业培训包”项目管理，规范项目的开发、应用，保证项目的开发质量和推广应用，根据天津市政府办公厅《天津市“职业培训包”项目开发实施方案》（津政办发〔2012〕61号），结合实际，天津市职业培训包办公室于2014年4月制定了项目管理办法，包括以下20条。

第一条　项目开发的依据和目的。“职业培训包”的开发应以国家职业标准为依据，结合新技术应用和我市经济社会发展对岗位技能的要求，建立和完善科学、规范的职业培训和评价体系，实现职业培训过程标准化，以加快培养高素质劳动者和高技能人才为目的，满足我市经济社会发展和滨海新区开发开放的需要。

第二条　组建市培训包专家委员会。市“职业培训包”项目开发工作领导小组办公室（以下简称“市培训包办公室”）根据项目开发工作需要，组建市“职业培训包”项目开发评审与指导专家委员会（以下简称“市培训包专家委员会”），负责起草项目开发指导书、开发模板等技术文件，编制“职业培训包”项目（验收）评估细则，开展项目开发申报评审、开发咨询、技术指导和项目评估。

第三条　开发项目的确定。市培训包专家委员会根据国家职业分类和我市经济社会发展需要，提出开发项目建议，报市培训包办公室审核确定。开发项目优先在涉及公共安全、人身健康、生命财产安全以及技术技能复杂的职业中选取。

第四条　项目开发单位的遴选。按照自愿申报、公平竞争、择优立项原则，通过科研项目招标的方式，遴选开发单位。

第五条　项目开发单位和合作单位应具备以下条件：“职业培训包”项目开发单位和项目合作单位应为具有独立法人资质、运行机制健全、内部管理规范的行业、企业、职业院校、科研院所、职业培训机构等。

第六条　项目开发负责人应具备以下条件：

（一）具有职业培训领域从业经历或管理经验的在职人员；

（二）具有本专业副高级以上专业技术职称或本职业高级技师职业资格；

（三）具有承担组织、指导开发项目实施的能力，并能从事实质性开发工作；

（四）每人只能申请主持一个开发项目，参加项目不超过两项。项目验收通过前或出现重大失误者不得申报新项目。

第七条　项目开发负责人的主要职责：

（一）负责组织制定项目开发和实验方案；

（二）负责项目组工作安排，协调项目组成员之间的协作关系，组织项目组成员按期、高质量完成开发任务；

（三）负责协调项目组与其他人员或部门的工作关系；

（四）负责工作进展汇报，项目实验及项目验收、总结；

（五）项目开发中途停止实施或需延期完成以及项目内容需调整时，负责提交书面报告，并承担相应的责任。

第八条　项目开发申报。市培训包办公室发布开发项目后，在规定的期限内，具备条件的单位可向市培训包办公室报送《天津市"职业培训包"项目申请·评审书》，提出项目开发申请。

第九条　项目开发申报评审。

（一）成立评审组：市培训包办公室成立评审组，组织项目开发申报评审。

评审专家组由不少于7人组成，并应从市培训包专家委员会专家库中选取。

（二）评审程序。

1. 审查。市培训包办公室按本办法及有关要求进行申报资格审查，合格者进入评审。

2. 评审。依据评审标准，评审组通过听取项目开发申请汇报、查阅资料、质询等形式进行评审，提出立项建议。

3. 公示。立项建议在市人力社保网公示，任何单位和个人如对公布的开发项目权属有异议，可在公示期内向市培训包办公室提出书面意见。

（三）立项公布。公示期后，市人力资源和社会保障局对拟立项开发项目予以公布。

第十条　项目开发要求。项目开发分制定开发实施方案、撰写培训包文本（草案）、开展实验性培训、文本修改完善四个阶段。项目开发应符合以下要求：

（一）符合国家职业标准要求；

（二）适应本市经济社会发展水平对岗位技能的要求；

（三）适应新技术、新工艺、新材料、新设备发展的需要；

（四）符合天津市"职业培训包"项目开发的技术要求；

（五）应整合社会优质资源，实行校企合作联合开发；

（六）符合天津市"职业培训包"项目开发的其他要求。

第十一条　项目开发变更以下内容应报市培训包办公室审批：

（一）变更项目负责人或项目组成员；

（二）变更项目名称；

（三）改变成果形式；

（四）调整开发内容；

（五）项目完成时间延期2个月以上或多次延期；

（六）中止或撤销项目。

第十二条 项目验收。“职业培训包”项目开发由市培训包办公室组织验收。

（一）验收内容。项目开发验收内容是指实施方案中的项目验收要点、内容及全部支撑材料，包括纸质资料、电子稿、影像资料等。

（二）验收申请。

阶段验收。培训包文本（草案）完成后，项目开发单位填写《天津市“职业培训包”项目阶段验收申请书》，提交阶段验收报告及成果材料，报市培训包办公室。

结题验收。阶段验收合格，经过培训包实验性培训，并对培训包文本（草案）修改完善后，项目开发单位填写《天津市“职业培训包”项目结题验收申请书》，提交结题报告及全部成果材料，报市培训包办公室。

（三）市培训包办公室聘请专家组成验收组。验收组由不少于5人组成。项目开发成员不能担任本项目验收专家。

（四）验收专家依据验收质量标准，对照《天津市“职业培训包”项目申请·评审书》，通过听取汇报、质询答辩、审阅材料等形式，提出客观、公正、全面的验收意见。

（五）市培训包办公室依据验收组意见，对阶段验收合格的，允许进入下一开发阶段，对结题验收合格的，予以结题；对验收不合格的项目，责成项目开发单位在规定期限内进行修改完善，修改完善后由市培训包办公室组织再次验收。再次验收的费用由项目开发单位承担；再次验收仍为不合格的项目，予以撤项。

撤销的开发项目负责人一年内不得申报和参与项目开发。

第十三条 项目开发难易程度。按照开发职业的技术含量、开发后培训规模、开发职业的社会熟悉程度以及实验性开发等综合情况，将开发难度分为A级（最难）、B级（较难）和C级（一般难度）3个等级。

项目开发难易程度等级由市专家委员会审核、市培训包办公室核准。

第十四条 项目开发经费资助。“职业培训包”项目开发经费由项目开发单位自行筹措，市培训包办公室根据项目开发难易程度，每个培训包分别按照16万元、13万元、10万元的标准，给予经费资助。项目开发资助资金在市就业资金中列支。

资助资金一次核定，在实施方案审核合格、阶段验收合格、结题验收合格后分3次拨付。拨付的比例分别为20%、40%、40%。

第十五条 资助资金使用范围为：

1. 调研费（不超过资助总额的 20%）；

2. 资料费；

3. 实验性培训费；

4. 评审、论证及研讨费（不超过资助总额的 15%）；

5. 课件制作费；

6. 劳务酬金及咨询费（不超过资助总额的 15% 及 5%）；

7. 设施设备使用费；

8. 阶段验收和结题验收费（不超过资助总额的 10%）；

9. 印刷费。

第十六条　资助资金管理。项目开发资助资金纳入项目开发单位财务管理，单独核算，专款专用。

市培训包办公室负责资助资金的管理与监督，对不能完成开发任务的开发项目，有权追回已拨付资金；对挪用、超范围和标准使用资助资金的，责令纠正，并视情节给予通报批评、停止拨款、取消开发资格等处理；构成犯罪的，依法追究刑事责任。

第十七条　项目开发成果收益。

项目开发单位和市培训包办公室依法取得开发“职业培训包”的知识产权。

（一）项目开发成果属培训包办公室所有；开发单位及开发人员在有效期内具有署名权。

（二）阶段验收合格后，项目开发单位可进行 6 个月的实验性培训。实验性培训收益归开发单位所有。

（三）项目开发单位应按照市培训包办公室的要求，为其他培训机构提供技术指导、师资培训等相关技术服务，由此产生的收益归项目开发单位所有。

（四）市培训包从职业技能鉴定费中提取一定的试卷费，从“职业培训包”出版物销售收入中提取一定的费用，划入市培训包办公室账户，专项用于持续改进资金的资助。

项目开发成果出版物由指定单位发行。

第十八条　成果推广。

（一）市培训包办公室负责“职业培训包”成果的发布和面向职业院校、培训机构和行业企业的应用推广。

（二）职业院校和职业培训机构开展职业技能培训，应按发布的“职业培训包”规定的师资、设施设备、场地环境等标准，进行培训机构的规范化建设，使用“职业培训包”成果开展职业培训。

（三）职业技能鉴定机构应按“职业培训包”职业标准和考核标准开展职业技能鉴定。

第十九条 后续改进。

（一）项目开发单位应依据新技术、新工艺、新材料、新设备和我市经济社会发展的需要，对职业培训包的内容适时进行改进更新，至少 3 年要进行一次修订工作。

改进实施方案应提前 1 个月报送市培训包办公室，经审核批准后实施。

（二）市培训包办公室根据改进工作成效给予一定的后续改进资金资助。

（三）项目开发单位不按相关要求进行后续修订的，或不具备修订条件的，市培训包办公室收回项目开发持续修订权，并交由第三方实施。

第二十条 本办法由市培训包办公室负责解释。

第三章 天津市“职业培训包”中期验收方案

为规范“职业培训包”项目验收工作，统一验收流程，确保“职业培训包”项目质量，根据《天津市“职业培训包”项目开发实施方案》（津政办发〔2012〕61号）、《天津市“职业培训包”项目开发指导书》（试行）（津培训包办公室〔2013〕2号）、《天津市“职业培训包”项目评估细则》（试行）（津培训包办公室〔2013〕3号）及有关规定，制定本验收方案，如下所示。

一、中期验收是指按照我市“职业培训包”项目开发要求，市“职业培训包”项目开发领导小组办公室（以下简称“市培训包办公室”）组成专家组，对完成培训包文本后的阶段性开发成果进行评估验收。

二、验收内容是指项目开发实施方案所称的项目验收要点、内容及全部支撑材料，包括纸质资料、电子文稿和影视资料等。

三、验收申请。

（一）开发单位完成职业培训包文本开发后，向跟踪指导专家提出验收申请，并提交以下验收内容（纸质版和电子版）：

1. 开发单位的自评和自查报告；

2. 职业培训包项目开发的有关文件、管理制度；

3. 调研方案、问卷、报告等材料；

4. 项目开发论证材料；

5. 开发经费预算及使用情况；

6. 标准包、指南包、资源包文本及资源包视频影像资料；

7. 对国家职业标准修改、完善的对比材料；

8. 试验性培训及培训报告材料；

9. 其他有关资料。

（二）跟踪指导专家组审核合格后，拟定验收时间和验收专家，制定验收方案，并在验收4个工作日前将《天津市职业培训包项目验收方案表》报送市培训包办公室。

（三）验收方案经市培训包办公室批准后实施。

四、验收专家组成。项目开发跟踪指导组具体负责选聘验收专家。验收组专家成员应由行业企业专家、培训机构专家、企业负责员工教育培训的负责人等 7~9 名专家组成，其中行业企业专家应占 2/3 以上。

开发单位人员、项目组成员以及市培训包跟踪指导专家不得担任验收组专家。

五、验收参会人员范围。

（一）开发单位负责人、项目开发组成员、负责项目开发工作的部门负责人。

（二）验收专家组成员。

（三）市培训包办公室有关成员。

（四）经培训包办公室同意的其他人员。

六、验收会准备工作

（一）跟踪指导专家组组长根据《天津市“职业培训包”项目评估细则》（以下简称《评估细则》）中期验收条目，按所聘验收专家的业务特点进行条目分工，并组织学习天津市职业培训包相关文件（详见《天津市“职业培训包”项目开发指南》）。

（二）跟踪指导专家组组长负责组织验收专家与市培训包开发办公室签订保密协议。验收专家不得将项目开发的文本文件复制和转送他人。

（三）跟踪指导专家组在验收 2 日前，将培训包文本文件的电子版，按验收条目分工，分别发送给验收专家提前进行查阅。

（四）在验收会前，验收专家按《评估细则》进行评审，并将评审意见报送跟踪指导专家组组长。

七、现场评审（每个职业掌握在 90 分钟左右）。

由跟踪指导专家组组长主持现场评审。

（一）项目开发汇报。项目负责人用 PPT 汇报项目开发情况（20 分钟）。主要介绍培训包开发进度情况、培训包开发过程、培训包的优势和特点、培训包的部分成果和资源包视频展示、后续开发计划等。

（二）质疑和答辩（20 分钟）。验收组专家依据《评估细则》，对佐证材料进行评估，就有关问题向项目组成员进行质疑。

（三）验收组专家合议（35 分钟）。验收专家组进行闭门会议，对照《评估细则》进行打分，形成验收报告，提出意见、建议。验收报告应给出以下 3 个方面的评估结论。

1. 标准包：文本的完整性、内容可行性、有无创新性。

2. 指南包：实用性、可操作性、方便性。

3. 资源包：先进性、技术性、多样性。

（四）召开项目验收通报会（15 分钟）。

1. 验收专家组组长宣读验收报告。

2. 验收专家分别提出整改建议。

3. 项目负责人表态性发言。

4. 开发单位负责人表态性发言。

5. 培训包办公室负责人讲话。

（五）跟踪指导专家组组长将验收材料（包括项目评分表、各条目评分及建议、自查报告中的验收报告表、专家签字）按项目整理完整并签字，报天津市职业培训包开发办公室。

八、市培训包办公室依据验收报告，公布验收结果。

九、其他。

（一）开发单位提前制作 2 套开发成果（包括标准包、指南包、资源包文本和光盘）材料，验收会后将其中的 1 套报市培训包办公室存档。

（二）各组指定 1 名工作人员，负责验收准备及资料整理等工作。

（三）验收会布标为“天津市职业培训包项目开发中期验收评估会”。

天津市“职业培训包”项目验收方案表见表 3-1，项目验收表见表 3-2。

表 3-1　天津市“职业培训包”项目验收方案表

<table>
<tr><td colspan="2">职业名称</td><td></td><td>职业代码</td><td></td><td>职业等级</td><td></td></tr>
<tr><td colspan="2">培训包数</td><td></td><td>开发单位</td><td colspan="3"></td></tr>
<tr><td colspan="2">联系人</td><td></td><td>联系电话</td><td></td><td>项目负责人</td><td></td></tr>
<tr><td colspan="2">验收会时间</td><td colspan="2"></td><td>验收会地点</td><td colspan="2"></td></tr>
<tr><td rowspan="9">验收组</td><td></td><td>姓名</td><td>单位</td><td>手机</td><td>职务 / 职称</td><td>职业资格名称 / 等级</td></tr>
<tr><td>跟踪指导专家组组长</td><td></td><td></td><td></td><td></td><td></td></tr>
<tr><td>组长</td><td></td><td></td><td></td><td></td><td></td></tr>
<tr><td rowspan="6">成员</td><td></td><td></td><td></td><td></td><td></td></tr>
<tr><td></td><td></td><td></td><td></td><td></td></tr>
<tr><td></td><td></td><td></td><td></td><td></td></tr>
<tr><td></td><td></td><td></td><td></td><td></td></tr>
<tr><td></td><td></td><td></td><td></td><td></td></tr>
<tr><td></td><td></td><td></td><td></td><td></td></tr>
<tr><td colspan="2">跟踪指导专家组组长签字</td><td colspan="5"></td></tr>
<tr><td colspan="2">市培训包办公室意见</td><td colspan="5"></td></tr>
<tr><td colspan="2">备注</td><td colspan="5"></td></tr>
</table>

表 3-2　天津市“职业培训包”项目验收表

职业名称		职业代码		职业等级	
培训包数		开发单位			
项目负责人		验收评估得分			
验收组建议					
验收结论					
验收专家 签字	组长： 成员：				

第四章 天津市“职业培训包”实验性培训指导

一、培训时间

“职业培训包”项目开发阶段验收合格后，开发单位应及时组织编制实验性培训实施方案并开展实验性培训工作。承担实验性培训的机构应具有相应的职业技能培训资质。

二、培训目的

通过实验性培训，对所开发的“职业培训包”进行验证，并根据验证结果对开发的“职业培训包”成果进行修改和完善。验证的主要内容如下。

（1）验证标准包的完整性、创新性和可行性。验证标准包是否适应本市经济社会发展水平对岗位技能的需要，是否与本市企业先进的生产经营技术、设备、工艺水平相一致，是否满足培训目标的要求，培训标准是否具有先进性、可行性和适用性。

（2）验证指南包的针对性和实用性。验证指南包是否内容充实、指向性明确、便于使用者（用人单位、培训机构、学员）选择。

（3）验证资源包的先进性和多样性。验证资源包是否满足各类人员对学习内容和学习方式（面授、函授、自主学习等）的要求。

（4）验证培训模式是否先进、多样，是否能达到培训目标的要求。

（5）验证培训效率比以往的培训模式是否有所提高。

三、实施方案

项目开发单位会同培训机构编制切实可行的实验性培训实施方案，实施方案主要体现以下内容。

（1）实验性培训学员的确定。培训学员应包括在职职工、在校学生和失业人员等各类人员。

（2）实验性培训等级和人数的确定。每个职业的培训包都应进行实验性培训。初级、中级、高级工培训每班为20~40人，技师和高级技师培训每班为5~20人。

（3）培训质量的验证。采用培训后用人单位对学员岗位能力的反馈，学员对培训质量的反馈，学员职业技能鉴定合格率、优秀率的反馈等来检验培训质量。

（4）培训效率的验证。采取与传统培训模式相对比的方法，验证培训时间、培训成本、培训规模等方面的变化。

（5）师资和培训条件的验证。依据实验性培训结果和用人单位及学员的反馈，对师资标准、设施设备标准、场地环境标准进行验证。

四、职业技能鉴定

实验性培训结束后，培训机构应按规定向天津市职业技能鉴定指导中心申报职业技能鉴定。市职业技能鉴定指导中心按“职业培训包”的职业标准、鉴定标准和鉴定试卷进行技能鉴定。

五、撰写技能鉴定分析报告

技能鉴定结束后，市职业技能鉴定指导中心应向市培训包办公室提交“职业培训包”实验性培训技能鉴定分析报告。报告的主要内容包括：

（1）培训单位，鉴定的职业、等级、人数、时间、人员类别等基本信息；

（2）鉴定成绩单及成绩分析；

（3）鉴定标准和考核试卷分析；

（4）有关“职业培训包”鉴定标准、鉴定方法和鉴定试卷等方面的建议。

六、撰写培训报告

实验性培训结束后，项目开发单位应配合实验性培训机构撰写实验性培训报告，并报市培训包办公室。实验性培训报告的内容主要包括：

（1）实验性培训实施方案；

（2）实验性培训班期及学员花名册；

（3）职业技能鉴定结果；

（4）实验性培训质量分析；

（5）实验性培训效率分析；

（6）“职业培训包”职业标准分析及建议；

（7）“职业培训包”培训标准、设施环境标准、师资配备标准分析及建议；

（8）“职业培训包”考核标准分析及建议；

（9）“职业培训包”职业指南分析及建议；

（10）“职业培训包”培训指南分析及建议；

（11）“职业培训包”考核指南分析及建议；

（12）“职业培训包”课程资源分析及建议；

（13）“职业培训包”学习资源分析及建议；

（14）“职业培训包”信息资源分析及建议；

（15）其他有关问题的分析及建议。

七、职业培训补贴

培训机构组织各类人员参加《职业培训成本及市场需求程度目录》中所列职业和等级技能实验性培训，并符合相关条件的，按规定给予其培训成本 50%~100% 的培训费补贴和技能鉴定费补贴；失业人员、农村劳动力和应届离校未就业高校毕业生参加《天津市失业人员和农村劳动力享受定额培训补贴职业项目目录》所列职业技能培训、符合相关条件的，按培训类别分别给予 1 000 元、800 元和 600 元的培训费补贴和 100% 的鉴定费补贴。各类人员享受职业培训补贴，培训机构应按《天津市人力社保局关于进一步简化职业培训补贴管理工作流程的通知》（津人社局发〔2013〕84 号）及有关规定，履行开办备案、技能鉴定、补贴申请等手续。

八、有关要求

（1）项目开发单位应会同职业培训机构编制切实可行的实验性培训实施方案，细化验证指标，参与实验性培训过程，听取培训教师、用人单位、培训学员和技能鉴定单位的反馈，配合实验性培训机构撰写实验性培训报告，根据实验性培训验证结果，修改完善“职业培训包”的成果内容。

（2）实验性培训机构要按照实验性培训实施方案和项目开发要求，认真开展实验性培训，及时收集培训教师、用人单位、培训学员、技能鉴定单位的反馈，分析整理实验性培训数据，验证“职业培训包”的成果，会同项目开发单位撰写实验性培训报告。

（3）跟踪指导专家要采取“陪读”“体验”的方式，跟踪实验性培训和技能鉴定，对培训内容、培训模式、技能鉴定和验证方法进行指导，指导项目开发单位和实验性培训机构撰写实验性培训报告，指导项目开发单位根据实验性培训验证结果，修改完善“职业培训包”的成果内容。

第五章 天津市“职业培训包”验收方案

为加强“职业培训包”的项目管理，规范验收工作流程，确保开发质量，根据《天津市“职业培训包”项目开发实施方案》（津政办发〔2012〕61号）及有关规定，制定本方案，如下所示。

一、验收界定

天津市“职业培训包”验收是指按照市“职业培训包”项目的开发要求，市“职业培训包”项目开发领导小组办公室（以下简称市培训包办公室）组织对完成培训包文本（草案）开发后的阶段性开发成果进行中期验收，对完成培训包开发后的最终开发成果进行结题验收。

二、验收内容

“职业培训包”项目的验收内容包括项目开发实施方案所称的项目验收要点、内容及全部支撑材料，包括纸质材料、电子文稿和影视资料等。

三、验收依据

“职业培训包”项目的验收依据为《天津市“职业培训包”项目开发申报书》《天津市“职业培训包”项目开发指导书》（试行）（津培训包办公室〔2013〕2号）、《天津市“职业培训包”项目评估细则》（试行）（以下简称《评估细则》）（津培训包办公室〔2013〕3号）及有关要求。

四、验收申请

（一）开发单位完成“职业培训包”项目的全部开发工作后，向市培训包办公室提出验收申请，填写《天津市“职业培训包”项目开发成果验收申请表》（见表5-1），并提交以下验收内容（纸质版和电子版）：

1. 开发单位的自评和自查报告；

2.“职业培训包”项目开发的有关文件、管理制度；

3. 调研方案、问卷、报告等材料；

4. 项目开发论证材料；

5. 开发经费预算及使用情况；

6. 标准包、指南包、资源包文本及资源包视频影像资料；

7. 对国家职业标准修改、完善的对比材料；

8. 试验性培训及培训报告材料；

9. 其他有关资料。

（二）市项目开发指导组对验收申请审核同意后，拟定验收方案，提出验收时间和验收专家意见，填写《天津市“职业培训包”项目验收方案表》（见表 5-2），并在验收 4 个工作日之前报送市培训包办公室。

（三）验收方案经市培训包办公室批准后实施。

五、验收专家组成

市项目开发指导组具体负责选聘验收专家。验收专家应由行业企业、职业院校、培训机构、技能鉴定机构中的职业技能专家和企业负责职工培训的专家组成，专家组一般由 7~9 人组成，其中行业企业专家所占比例应在 2/3 以上。

开发单位人员、项目组成员、市培训包办公室专家以及市项目开发指导组成员不得担任验收专家。

六、验收参会人员范围

（一）市项目开发指导组组长；

（二）开发单位负责同志、项目开发组成员、负责项目开发工作的部门负责同志；

（三）验收专家组成员；

（四）市培训包办公室有关成员；

（五）经市培训包办公室同意的其他人员。

七、验收会准备工作

（一）市项目开发指导组组长根据《评估细则》的验收条目，按所聘验收专家的业务特点进行评估分工，并组织验收专家学习“职业培训包”的相关文件。

（二）验收专家不得将项目开发的文本文件复制和转送他人。市项目开发指导组组长负责组织验收专家与市培训包办公室签订保密协议。

（三）项目开发指导专家组在验收 2 日之前，将培训包文本文件的电子版，按验收条目分工，分别发送给验收专家提前审阅。

（四）在验收会前，验收专家按《评估细则》进行评审，并将评审意见报市项目开发指导组组长。

八、现场验收

现场验收时，每个职业掌握在 120 分钟以内，可按职业进行验收，也可多个职业同时验收，评审由市项目开发指导组组长主持。

（一）项目开发汇报。项目负责人用 PPT 汇报项目开发情况（30 分钟），主要介绍培训包的开发进度情况、培训包的开发过程、培训包的优势和特点、培训包的部分成果和资源包视频展示、后续开发计划等。

（二）质疑和答辩（15 分钟）。验收组专家依据《评估细则》进行评估，就有关问题向项目组成员进行质疑。

（三）验收组专家合议（60 分钟）。验收组专家举行闭门会议，对照《评估细则》进行打分，形成验收报告，提出意见建议。验收报告应给出以下 3 个方面的评估结论。

1. 标准包：文本的完整性、内容可行性、有无创新性。

2. 指南包：实用性、可操作性、方便性。

3. 资源包：先进性、技术性、多样性。

（四）召开项目验收通报会（15 分钟），具体议程有以下 5 项。

1. 验收专家组组长宣读验收报告。

2. 验收专家分别提出整改建议。

3. 项目负责人表态性发言。

4. 开发单位负责人表态性发言。

5. 市培训包办公室负责人讲话。

（五）市项目开发指导组组长将验收材料，包括项目评分表、各条目评分及建议、自查报告中的验收报告表、《天津市“职业培训包”项目验收表》（见表 5-3），按项目进行整理并签字后，报市培训包办公室。

九、公布结果

市培训包办公室依据验收报告，公布验收结果。

十、其他事项

（一）开发单位提前制作 2 套开发成果材料（包括标准包、指南包、资源包文本和光盘），验收会后将其中的 1 套报市培训包办公室存档。

（二）各组指定 1 名工作人员，负责验收准备及资料整理等工作。

（三）验收会布标为“天津市职业培训包项目开发成果验收评估会”。

表 5-1　天津市“职业培训包”项目开发成果验收申请表

<table>
<tr><td>职业名称</td><td></td><td>职业代码</td><td></td><td>职业等级</td><td></td></tr>
<tr><td>培训包数</td><td></td><td>开发单位</td><td colspan="3"></td></tr>
<tr><td>联系人</td><td></td><td>联系电话</td><td></td><td>项目负责人</td><td></td></tr>
<tr><td>验收会时间</td><td colspan="2">年　月　日　　时</td><td>验收评估地点</td><td colspan="2"></td></tr>
<tr><td>验收类别</td><td colspan="5"></td></tr>
<tr><td colspan="6">验收时提供的材料明细</td></tr>
<tr><td colspan="6">1. 按照评估细则要求提供自评报告和自评分数表。
2. 按照评估细则要求提供全部文本文件。
3. 提供调研方案、问卷、报告等材料。
4. 提供项目开发论证材料。
5. 提供开发经费预算及使用情况。
6. 提供对国家职业标准修改、完善的对比材料。
7. 提供实验性培训及培训报告材料。
8. 提供标准包、指南包、资源包文本及资源包视频影像资料。
9. 提供其他有关资料。</td></tr>
<tr><td colspan="2">市项目开发指导组意见</td><td colspan="4">组长签字：</td></tr>
</table>

表 5-2　天津市“职业培训包”项目验收方案表

<table>
<tr><td colspan="2">职业名称</td><td></td><td>职业代码</td><td></td><td>职业等级</td><td></td></tr>
<tr><td colspan="2">培训包数</td><td></td><td>开发单位</td><td colspan="3"></td></tr>
<tr><td colspan="2">联系人</td><td></td><td>联系电话</td><td></td><td>项目负责人</td><td></td></tr>
<tr><td colspan="2">验收会时间</td><td colspan="2"></td><td>验收会地点</td><td colspan="2"></td></tr>
<tr><td rowspan="9">验收组</td><td></td><td>姓名</td><td>单位</td><td>手机</td><td>职务 / 职称</td><td>职业资格名称 / 等级</td></tr>
<tr><td>跟踪指导组组长</td><td></td><td></td><td></td><td></td><td></td></tr>
<tr><td>组长</td><td></td><td></td><td></td><td></td><td></td></tr>
<tr><td rowspan="6"></td><td></td><td></td><td></td><td></td><td></td></tr>
<tr><td></td><td></td><td></td><td></td><td></td></tr>
<tr><td></td><td></td><td></td><td></td><td></td></tr>
<tr><td></td><td></td><td></td><td></td><td></td></tr>
<tr><td></td><td></td><td></td><td></td><td></td></tr>
<tr><td></td><td></td><td></td><td></td><td></td></tr>
<tr><td colspan="2">跟踪指导组组长签字</td><td colspan="5"></td></tr>
<tr><td colspan="2">市培训包办公室意见</td><td colspan="5"></td></tr>
<tr><td colspan="2">备注</td><td colspan="5"></td></tr>
</table>

表 5-3　天津市“职业培训包”项目验收表

职业名称		职业代码		职业等级	
培训包数		开发单位			
项目负责人		验收评估得分			
验收组建议					
验收结论					
验收专家签字	组长： 成员：				

第六章　天津市“职业培训包”项目评估细则及评估打分表

天津市“职业培训包”项目评估细则见表 6-1。

表 6-1　天津市“职业培训包”项目评估细则

1. 标准包评估				
1-1	职业标准	评价内容：在国家职业标准框架下，结合天津市产业发展和技术进步调整的新内容和要求，确定包括职业功能、工作内容、技能要求、新技术应用、相关知识形成的提升标准		
验收指标	验收要点及配分	评估细则	分值	评分标准
1-1-1 企业调研	●调研报告 ●佐证材料 （满分 30 分，合格 27 分）	1. 有调研实施方案，调研目标明确，有针对提升国家职业标准进行调研的提纲、方式、方法	8 分	方案符合要求得 4 分（每缺一项扣 1 分，最多扣 4 分）；调研目标明确得 2 分；格式结构优得 2 分
		2. 调研企业名称及过程记录齐全，调研企业在行业内技术领先	8 分	材料齐全得 4 分；企业技术领先得 4 分
		3. 有调研分析报告。报告与提升国家职业标准的内容相对应；有调研场次、时间、地点、内容、对象，有调研方法、过程、结果综述	8 分	基本对应得 4 分，佐证材料齐全得 4 分（缺一项扣 1 分，最多扣 4 分）
		4. 调研企业数量通用类企业的在 30 家以上，特有行业类企业调研充分	6 分	有 30 家通用类企业得 6 分（每少一家扣 1 分，最多扣 6 分）；特有行业类企业充分且为知名企业得 6 分
1-1-2 专家论证	●论证报告 ●佐证材料 （满分 20 分，合格 18 分）	1. 专家由技术工艺、职业培训和培训管理等方面专家组成，成员应有 5 人以上	5 分	结构符合要求得 2 分，专家有 5 人以上得 1 分，多次论证不同专家超过 10 人得 2 分
		2. 每次论证均有论证提纲、论证报告。论证报告要与论证提纲相对应，有论证结论和建议	5 分	材料齐全得 2 分；报告与提纲相对应，有结论和建议得 3 分
		3. 专家论证不少于 3 次	6 分	每论证一次得 2 分，材料内容相近或雷同的论证得 0 分
		4. 论证工作方案、论证过程记录等佐证材料完整、齐全	4 分	佐证材料完整、齐全得 4 分，每缺一项扣 2 分

续表

1-1-3 文本	●职业标准文本（满分20分，合格18分）	1. 职业培训包职业标准文本符合《开发指导书》* 的要求	5分	文本符合要求得5分
		2. 有对国家职业标准调整的内容和依据汇总表	5分	调整的内容和依据汇总表符合要求得5分
		3. 职业培训包的职业标准内容、技能要求、相关知识符合天津市产业发展需要	10分	符合天津市产业发展要求得5分，相关材料充分齐全得5分（有但不充分得3分）
1-1-4 实验性培训验证	●对职业标准进行实验性培训验证 ●验证职业等级数不少于50%（满分20分，合格18分）	1. 有实验性培训实施方案（符合津人社办发〔2014〕42号文件要求）	4分	符合文件要求得4分
		2. 实验性培训过程资料（培训的职业等级、学员花名册、座谈会、问卷、培训过程记录等资料）齐全	4分	资料齐全得2分，符合要求得2分
		3. 有实验性培训分析报告（符合津人社办发〔2014〕42号文件要求）	4分	分析报告符合要求得2分，内容具体、有针对性得2分
		4. 依据实验性培训结果对职业标准调整内容对照表	4分	有调整内容对照表得2分，验证项目充分得2分
		5. 实验性培训职业等级个数符合要求	4分	培训职业全覆盖得4分，覆盖不足100%得2分，低于50%不得分
1-2	培训标准	评价内容：能力单元中的知识、操作技能、职业素质等实际操作指标设计；与培训包职业标准的对应性		
验收指标	验收要点及配分	评估细则	分值	评分标准
1-2-1 文本	●培训标准文本 ●能力单元要素 ●实际操作指标细目表（满分40分，合格36分）	1. 培训标准文本符合开发指导书的要求	5分	文本符合要求得5分
		2. 能力单元要素和实际操作指标应与培训包职业标准相对应	10分	80%以上对应得10分；50%以上对应得5分；50%以下对应得0分
		3. 能力单元要素的表述形式为：掌握……，能做……；了解……，会做……；熟悉……，会做……；理解……，能做……等	5分	80%以上内容表述规范得5分，50%以上内容表达规范得3分
		4. 能力单元要素中的实际操作指标（包括在任务驱动下所表现的知识、操作技能、职业素质水平）尽可能量化表述	15分	可量化指标全部量化得15分，80%以上达到量化要求得10分
		5. 能力单元要素和实际操作指标适用范围合理	5分	80%以上在合理范围得5分，50%以上在合理范围得3分

*：本表中《天津市“职业培训包”项目开发指导书》简称为《开发指导书》。

续表

1-2-2 专家论证	●论证报告 ●佐证资料 （满分 30 分，合格 27 分）	1. 专家构成合理，应由技术工艺、职业培训和培训管理等方面的专家组成，成员有 5 人以上	10 分	结构符合要求得 5 分，专家有 5 人以上得 2 分，多次论证不同专家超过 10 人得 3 分
		2. 每次论证均有论证提纲、论证报告。论证报告要与论证提纲相对应，要有论证结论和建议	10 分	材料齐全得 4 分；报告与提纲相对应，有结论和建议得 6 分
		3. 论证工作方案、论证过程记录等佐证材料完整、齐全	5 分	方案、过程记录完整得 3 分，佐证材料齐全得 2 分
		4. 专家论证不少于 2 次	5 分	专家论证 2 次得 5 分，论证 1 次得 3 分
1-2-3 实验性培训验证	●对培训标准进行实验性培训验证 ●验证职业等级数不少于 50% （满分 40 分，合格 36 分）	1. 有实验性培训实施方案（符合津人社办发〔2014〕42 号文件要求）	10 分	符合文件要求得 10 分
		2. 实验性培训过程资料（培训的职业等级、学员花名册、座谈会、问卷、培训过程记录等资料）齐全	10 分	资料齐全得 5 分，符合要求得 5 分
		3. 有实验性培训分析报告（符合津人社办发〔2014〕42 号文件要求）	10 分	分析报告符合要求得 6 分，内容具体、有针对性得 4 分
		4. 依据实验性培训结果对培训标准调整内容对照表	5 分	有调整内容对照表得 3 分，其与分析报告对应得 2 分
		5. 实验性培训职业等级个数	5 分	培训职业等级全覆盖得 5 分，覆盖不足 100% 得 3 分，低于 50% 不得分
1-3	考核标准	评价内容：评价学员知识、技能、素质的标准与职业标准、培训标准相一致		
验收指标	验收要点及配分	评估细则	分值	评分标准
1-3-1 文本	●考核标准文本 （满分 20 分，合格 18 分）	1. 考核标准的内容与职业标准要求一致	5 分	全部一致得 5 分，每有 1 个等级不一致扣 1 分
		2. 考核标准与培训标准相对应	5 分	全部对应得 5 分，每有 1 个等级不对应扣 1 分
		3. 技能考核内容与能力单元要素和实际操作指标相对应	5 分	全部对应得 5 分，每有 1 个等级不对应扣 1 分
		4. 考核评价规则准确客观地反映学员的技能水平	5 分	准确反映得 5 分，每有 1 个等级不能反映扣 1 分

续表

1-3-2 实验性培训验证	●对考核标准进行实验性培训验证 ●验证职业等级数不少于50% （满分20分，合格18分）	1. 有实验性培训实施方案（符合津人社办发〔2014〕42号文件要求）	4分	实施方案符合要求得4分
		2. 实验性培训过程资料（培训的职业等级、学员花名册、座谈会、问卷、培训过程记录等资料）齐全	4分	资料齐全得2分，符合要求得2分
		3. 有实验性培训分析报告（符合津人社办发〔2014〕42号文件要求）	4分	分析报告符合要求得2分，内容具体、有针对性得2分
		4. 依据实验性培训结果对考核标准调整内容对照表	4分	有调整内容对照表得2分，其与分析报告相对应得2分
		5. 实验性培训职业等级个数	4分	培训职业等级全覆盖得4分，覆盖不足100%得2分，低于50%不得分
1-4	师资配备标准	评价内容：师资在学历、职业资格、任职资格以及"一体化"条件等方面的要求，师资配备的依据等方面的内容		
验收指标	验收要点及配分	评估细则	分值	评分标准
1-4-1 文本	●师资配备标准文本 （满分10分，合格6分）	1. 师资配备标准要与培训标准能力单元要素和实际操作指标相一致	5分	相一致得5分，每有1个等级不一致扣1分，少于50%等级一致为0分
		2. 师资配备标准内容（包括基本任职条件、职业资格等级等要求）全面，表述准确	5分	内容全面、准确得5分，表述不准确每等级扣1分，少于50%等级符合要求为0分
1-4-2 配置依据	●师资配备理论依据 （满分10分，合格9分）	1. 师资配备基本任职条件、职业资格等级和数量的依据	6分	符合职业培训依据得4分，依据充分得2分
		2. 师资选聘方案及佐证材料	4分	选聘方案合理得2分，佐证材料充分得2分
1-4-3 专家论证	●论证报告 ●佐证资料 （满分20分，合格18分）	1. 专家构成合理，应由技术工艺、职业培训和培训管理等方面的专家组成，成员有5人以上	5分	结构符合要求得2分，专家有5人以上得1分，多次论证不同专家超过10人得2分
		2. 每次论证均有论证提纲、论证报告。论证报告要与论证提纲相对应，要有论证结论和建议	5分	材料齐全得2分；报告与提纲相对应，有结论和建议得3分
		3. 论证工作方案、论证过程记录等佐证材料完整、齐全	5分	方案、过程记录完整、齐全得3分，有其他佐证材料得2分
		4. 专家论证不少于2次	5分	专家论证2次得5分，论证1次得3分

续表

1-4-4 实验性培训验证	●对师资配备标准进行实验性培训验证 ●验证职业等级数不少于50% （满分20分，合格18分）	1. 有实验性培训实施方案（符合津人社办发〔2014〕42号文件要求）	4分	实施方案符合要求得4分
		2. 实验性培训过程资料（培训的职业等级、学员花名册、座谈会、问卷、培训过程记录等资料）齐全	4分	资料齐全得2分，符合要求得2分
		3. 有实验性培训分析报告（符合津人社办发〔2014〕42号文件要求）	4分	分析报告符合要求得2分，内容具体、有针对性得2分
		4. 依据实验性培训结果对师资配备标准调整内容对照表	4分	有调整内容对照表得2分，与分析报告对应得2分
		5. 实验性培训职业等级个数	4分	各等级全部开展实验性培训得4分；开展等级不足100%得2分；开展等级不足50%得0分
1-5	培训设施及设备标准	评价内容：培训设施及设备性能、数量等方面的基本条件以及与培训规模和等级相适应的要求		
验收指标	验收要点及配分	评估细则	分值	评分标准
1-5-1 文本	●设施、设备标准文本 （满分15分，合格9分）	1. 设施、设备标准内容（包括设备、设施配备标准、职场环境标准）齐全、表述准确	5分	设施、设备标准内容齐全、表述准确得5分
		2. 设施、设备标准文本与培训标准能力单元要素和实际操作指标对应	5分	各等级全部对应得5分；每有1个等级不对应扣1分；对应的等级数少于50%得0分
		3. 设施、设备设置满足每个等级培训包实际操作训练的要求	5分	设施、设备配置满足各等级实训要求得5分
1-5-2 设置依据	●设施、设备设置依据 （满分10分，合格9分）	1. 场地设置是否符合生产环境	4分	场地设置符合生产环境要求得4分
		2. 设施、设备配置应符合实际操作指标要求，满足培训工位数、面积要求等	4分	能够满足要求得4分，每有1个等级不满足要求扣1分，少于50%的等级满足要求为0分
		3. 场地面积、设施设备放置要求的依据	2分	有省市以上设置标准和研究成果引用依据得1分，依据充分得1分
1-5-3 专家论证	●论证报告 ●佐证材料 （满分10分，合格9分）	1. 专家构成合理，应由技术工艺、职业培训和培训管理等方面的专家组成，成员有5人以上	4分	结构符合要求得2分，专家有5人以上得1分，多次论证不同专家超过10人得1分
		2. 每次论证均有论证提纲、论证报告。论证报告要与论证提纲相对应，要有论证结论和建议	2分	材料齐全得1分；报告与提纲相对应，有结论和建议得1分
		3. 论证工作方案、论证过程记录等佐证材料完整、齐全	4分	方案、过程记录完整得2分，佐证材料齐全得2分

续表

1-5-4 实验性培训验证	●对设施、设备标准进行实验性培训验证 ●验证职业等级数不少于50% （满分20分，合格18分）	1. 有实验性培训实施方案（符合津人社办发〔2014〕42号文件要求）	4分	实施方案符合要求得4分
		2. 实验性培训过程资料（培训的职业等级、学员花名册、座谈会、问卷、培训过程记录）齐全	4分	资料齐全得2分，符合要求得2分
		3. 有实验性培训分析报告（符合津人社办发〔2014〕42号文件要求）	4分	分析报告符合要求得2分，内容具体、有针对性得2分
		4. 依据实验性培训结果对设施、设备标准调整内容对照表	4分	有调整内容对照表得2分，其与分析报告对应得2分
		5. 实验性培训职业等级个数	4分	各等级全部开展实验性培训得4分，开展等级不足100%得2分，开展等级不足50%得0分
2. 指南包评估				
2-1	职业指南	评价内容：本职业定义、内容特点、职业资格证书和培训模式等情况		
验收指标	验收要点及配分	评估细则	分值	评分标准
2-1-1 文本	●职业指南文本 （满分20分，合格12分）	1. 职业指南内容符合《开发指导书》的要求	5分	指南内容符合学员角度得3分，符合企业角度得2分
		2. 模块化体系应与培训标准相一致，用图形等一目了然的方式体现	5分	模块化体系与培训标准一致得2分，有清楚表述得3分
		3. 有学员选择模块学习方法的明确介绍	5分	简明清晰得5分，没有选择模块学习方法介绍的每个等级扣1分，超过50%等级没有介绍的得0分
		4. 适用不同人员对职业的了解	5分	有佐证材料说明得3分，佐证材料说明充分得2分
2-1-2 专家论证	●论证报告 ●佐证材料 （满分20分，合格18分）	1. 专家构成合理，应由技术工艺、职业培训和培训管理等方面的专家组成，成员有5人以上	5分	结构符合要求得2分，专家有5人以上得1分，多次论证不同专家超过10人得2分
		2. 每次论证均有论证提纲、论证报告。论证报告要与论证提纲相对应，要有论证结论和建议	5分	材料齐全得2分；报告与提纲相对应，有结论和建议得3分
		3. 论证工作方案、论证过程记录等佐证材料完整、齐全	5分	方案、过程记录完整得3分，佐证材料齐全得2分
		4. 有企业、学员、培训机构反馈意见及修改意见	5分	有各个方面反馈及修改意见得3分，意见充分得2分

续表

2-2	培训指南	评价内容：依据培训标准建立的模块化（菜单式）培训体系、能力单元要素与实际操作指标相对应，培训对象可按自我需求进行选择性学习		
验收指标	验收要点及配分	评估细则	分值	评分标准
2-2-1 文本	●培训指南文本（满分 40 分，合格 36 分）	1. 培训指南内容按照《开发指导书》编写，能够按职业岗位、典型完整的工作任务划分模块	10 分	以每个等级为评估对象，符合模块化培训体系要求得 4 分，有培训计划得 4 分，模块化培训体系与培训计划对应得 2 分
		2. 每个模块对应一个或几个培训标准中的职业功能，每个能力单元与若干以实际操作指标为要求的实训项目对应	10 分	每个等级模块符合岗位任务、用任务成果体现得 10 分，每有 1 个等级不符合扣 2 分，超过 50% 的等级不符合得 0 分
		3. 每个实训任务中的能力单元要素和实际操作指标相对应	10 分	全部对应得 10 分，每有 1 个等级不对应扣 2 分，超过 50% 的等级不对应得 0 分
		4. 有恰当方式的评价，具体表述培训内容、过程、方法、手段等内容	10 分	从学员、企业、培训机构 3 个角度表述文本及反映佐证材料得 10 分，缺 1 个角度得 7 分，缺 2 个以上角度得 0 分
2-2-2 模块化培训体系	●培训体系相关资料（满分 30 分，合格 27 分）	1. 建立基础模块的培训体系（通用为主）	10 分	基础模块齐全得 10 分，每缺 1 个等级模块扣 2 分，缺超过 50% 的等级模块得 0 分
		2. 在基础模块基础上有拓展模块（新技术）	10 分	拓展模块齐全得 10 分，每缺 1 个等级模块扣 2 分，缺超过 50% 的等级模块得 0 分
		3. 在基础模块基础上有行业模块（行业特有）	10 分	行业模块齐全得 10 分，每缺 1 个等级模块扣 2 分，缺超过 50% 的等级模块得 0 分
2-2-3 实验性培训验证	●对培训指南进行实验性培训验证 ●验证职业等级数不少于 50%（满分 20 分，合格 18 分）	1. 有实验性培训实施方案（符合津人社办发〔2014〕42 号文件的要求）	4 分	实施方案符合要求得 4 分
		2. 实验性培训过程资料（培训的职业等级、学员花名册、座谈会、问卷、培训过程记录等资料）齐全	4 分	资料齐全得 2 分，符合要求得 2 分
		3. 有实验性培训分析报告（符合津人社办发〔2014〕42 号文件要求）	4 分	分析报告符合要求得 2 分，内容具体、有针对性得 2 分
		4. 依据实验性培训结果对培训指南调整内容对照表	4 分	有调整内容对照表得 2 分，对照表与分析报告对应得 2 分
		5. 实验性培训职业等级个数	4 分	各等级全部开展实验性培训得 4 分，开展等级不足 100% 得 2 分，开展等级不足 50% 得 0 分

续表

2-2-4 企业效果反馈	●企业反馈报告及相关的过程材料 （满分 20 分，合格 12 分）	1. 企业在职职工按自我需求进行选择性培训的情况	10 分	有企业职工进行选择性培训得 5 分，培训次数在 3 次以上得 5 分
		2. 企业在职职工名册、企业名册	5 分	有职工、企业名册得 5 分
		3. 反馈意见分析报告	5 分	有反馈意见分析报告得 3 分，意见充分得 2 分
2-3	考核指南	评价内容：培训对象、考核报名、考核形式、考核内容和取得职业资格证书等的指南		
2-3-1 文本	●文本 （满分 10 分，合格 6 分）	1. 考核指南标准文本符合《开发指导书》5 项内容要求	5 分	符合要求得 5 分
		2. 考核指南要详细表述考核形式、考核内容、报考方法、取证情况	5 分	表述清楚得 5 分，每有 1 个等级表述不清扣 1 分，超过 50% 的等级表述不清楚得 0 分
2-3-2 专家论证	●论证报告 ●佐证材料 （满分 20 分，合格 18 分）	1. 专家构成合理，由技术工艺、职业培训和培训管理等方面专家组成，成员有 5 人以上	5 分	专家结构符合要求得 2 分，专家有 5 人以上得 1 分，多次论证不同专家超过 10 人得 2 分
		2. 每次论证均有论证提纲、论证报告。论证报告要与论证提纲相对应，要有论证结论和建议	10 分	材料齐全得 4 分；报告与提纲相对应，有结论和建议得 6 分
		3. 论证工作方案、论证过程记录等佐证材料完整、齐全	5 分	方案、过程记录完整、齐全得 3 分，有其他佐证材料得 2 分
3. 资源包评估				
3-1	课程资源	评价内容：模块课程资源整体设计、依据培训标准进行的课程开发、学习平台建设、教学指导材料		
验收指标	验收要点及配分	评估细则	分值	评分标准
3-1-1 模块课程	●模块课程整体设计、课件 （满分 60 分，合格 54 分）	1. 模块课程的内容以实训项目为单元，实训项目对应职业标准中的工作任务，每个实训项目包含多个实训任务，实训任务对应培训标准中能力单元要素和实际操作指标	20 分	实训项目对应工作任务得 10 分，实训任务对应能力单元要素和实际操作指标得 10 分
		2. 模块课程中有“一体化”教学模式，配有对应课件（图片、录像、动画），课程资源内容齐全	20 分	有“一体化”教学模式得 6 分，对应课件齐全得 6 分，课程资源内容丰富、完整得 8 分
		3. 模块课程的内容有能够达到培训标准中实际操作指标要求的培训方法	20 分	实际操作培训方法丰富、实用、科学得 20 分

续表

3-2	学习资源	评价内容:培训对象学习、训练的方法,指导和材料		
验收指标	验收要点及配分	评估细则	分值	评分标准
3-2-1 学习材料	●与课程模块相对应的学习材料（满分30分,合格18分）	1. 围绕课程模块,有便于学习的培训指导、学习指南和其他学习材料等	10分	有对应的培训指导、学习指南得6分,有其他学习材料得4分,每1个等级材料不丰富扣2分,超过50%的等级材料不丰富得0分
		2. 学习材料中有实训项目和训练方法等内容	10分	实训项目和训练方法齐全得10分,每缺少1个等级项扣2分,缺少超过50%的等级项得0分
		3. 有配套的练习题、模拟试题	10分	配套的练习题、模拟试卷达到10套得10分;每缺少1套扣2分,缺少超过5套得0分
3-2-2 资源库建设	●数字化资源库建设（满分40分,合格24分）	1. 数字化资源库框架设计	10分	数字化资源库框架设计方案合理得10分
		2. 数字化资源基本满足互联网学习的需求	30分	基本满足得15分,资源丰富得15分
3-2-3 模拟考核系统	●与课程模块相对应的模拟考核系统（满分30分,合格18分）	1. 建立模拟考核系统框架	10分	有模拟考核系统框架得10分,缺少系统框架每1个等级扣2分,缺少超过50%的等级系统框架得0分
		2. 模拟考核系统	20分	基本建成得10分,能够运行得10分
3-3	信息资源	评价内容:本职业领域基本状况和发展动态、职业技能应用案例		
验收指标	验收要点及配分	评估细则	分值	评分标准
3-3-1 新技术信息	●信息资源的相关资料（满分10分,合格6分）	1. 有新技术信息收集、发布实施方案	5分	有实施方案得3分,有信息收集材料得2分
		2. 信息资源文本文件中有本职业领域的基本状况和新技术、新动态信息	5分	本职业领域前述3个方面信息资源齐全得5分
3-3-2 职业技能案例	●职业技能案例（满分10分,合格6分）	职业技能应用案例汇编	10分	每个等级案例数量达到10个得10分,每少1个扣2分

续表

4. 组织机构评估				
4-1	组织机构	评价内容:组织机构健全,职责明确,开发团队稳定,合作单位有保障		
验收指标	验收要点及配分	评估细则	分值	评分标准
4-1-1 组织机构	●相关管理制度文件（满分 10 分,合格 6 分）	组织机构健全,职责明确,管理制度完善	10 分	组织机构健全得 2 分,职责明确得 2 分,制度完善且有材料得 6 分
4-1-2 开发团队	●开发团队人员情况资料（满分 15 分,合格 9 分）	开发团队人员符合要求,相对稳定	15 分	人员符合要求得 10 分,项目负责人稳定得 5 分(在开发过程中负责人有 1 次更换不扣分,有 2 次更换得 0 分)
4-1-3 合作单位	●合作单位情况（满分 20 分,合格 12 分）	1. 有合作开发协议、合作过程资料	10 分	企业管理规范、规模较大、在本行业技术领先得 10 分,否则得 8 分
		2. 实验性培训单位有相应的培训资质	10 分	有资质得 10 分,无资质得 0 分
4-2	项目管理制度	评价内容:项目管理制度健全,执行落实到位		
验收指标	验收要点及配分	评估细则	分值	评分标准
4-2-1 项目管理制度	●项目管理制度文件（满分 10 分,合格 6 分）	项目管理制度健全,有相应文件	10 分	项目管理制度健全得 5 分,有制度文件得 5 分
4-2-2 专项资金使用	●专项资金使用财务账目资料等（满分 15 分,合格 9 分）	专项资金专账管理,资金使用符合项目资金管理规定、符合财务管理制度	15 分	专账管理得 5 分,资金使用符合规定得 5 分,佐证材料对应得 5 分
4-2-3 项目持续改进	●项目持续改进管理制度（满分 15 分,合格 9 分）	有项目持续改进管理制度	15 分	有项目持续改进管理制度得 10 分,制度较为完善得 5 分

天津市“职业培训包”项目评估打分表示例见表 6-2。

表 6-2　天津市“职业培训包”项目评估打分表

开发项目名称:________________

项目开发单位:________________

合作开发单位:________________

实验性培训单位:________________

说明:(1)中期验收总分为 630 分,合格分为 540 分;结题验收总分为 800 分,合格分为 750 分。但单项分必须达到合格分,有 1 个单项分不合格即为评估不合格。

(2)评估总得分为参评专家评分平均值。

(3)标▲的项目为中期验收项目;结题验收要验收全部项目。

<table>
<tr><th>一级指标</th><th>二级指标</th><th>三级指标</th><th>配分</th><th>本项合格分</th><th>得分</th><th>扣分原因</th></tr>
<tr><td rowspan="17">1. 标准包</td><td rowspan="4">1-1 职业标准(90 分)</td><td>▲★ 1-1-1 企业调研</td><td>30</td><td>27</td><td></td><td></td></tr>
<tr><td>▲★ 1-1-2 专家论证</td><td>20</td><td>18</td><td></td><td></td></tr>
<tr><td>▲★ 1-1-3 文本</td><td>20</td><td>18</td><td></td><td></td></tr>
<tr><td>▲★ 1-1-4 实验性培训验证</td><td>20</td><td>18</td><td></td><td></td></tr>
<tr><td rowspan="3">1-2 培训标准(110 分)</td><td>▲★ 1-2-1 文本</td><td>40</td><td>36</td><td></td><td></td></tr>
<tr><td>▲★ 1-2-2 专家论证</td><td>30</td><td>27</td><td></td><td></td></tr>
<tr><td>▲★ 1-2-3 实验性培训验证</td><td>40</td><td>36</td><td></td><td></td></tr>
<tr><td rowspan="2">1-3 考核标准(40 分)</td><td>▲ 1-3-1 文本</td><td>20</td><td>18</td><td></td><td></td></tr>
<tr><td>▲★ 1-3-2 实验性培训验证</td><td>20</td><td>18</td><td></td><td></td></tr>
<tr><td rowspan="4">1-4 师资配备标准(60 分)</td><td>▲ 1-4-1 文本</td><td>10</td><td>6</td><td></td><td></td></tr>
<tr><td>▲★ 1-4-2 配置依据</td><td>10</td><td>9</td><td></td><td></td></tr>
<tr><td>▲★ 1-4-3 专家论证</td><td>20</td><td>18</td><td></td><td></td></tr>
<tr><td>▲★ 1-4-4 实验性培训验证</td><td>20</td><td>18</td><td></td><td></td></tr>
<tr><td rowspan="4">1-5 培训设施及设备标准(55 分)</td><td>▲ 1-5-1 文本</td><td>15</td><td>9</td><td></td><td></td></tr>
<tr><td>▲★ 1-5-2 设置依据</td><td>10</td><td>9</td><td></td><td></td></tr>
<tr><td>▲★ 1-5-3 专家论证</td><td>10</td><td>9</td><td></td><td></td></tr>
<tr><td>▲★ 1-5-4 实验性培训验证</td><td>20</td><td>18</td><td></td><td></td></tr>
</table>

续表

一级指标	二级指标	三级指标	配分	本项合格分	得分	扣分原因
2. 指南包	2-1 职业指南（40 分）	▲ 2-1-1 文本	20	12		
		▲★ 2-1-2 专家论证	20	18		
	2-2 培训指南（110 分）	▲ 2-2-1 文本	40	36		
		▲★ 2-2-2 模块化培训体系	30	27		
		▲★ 2-2-3 实验性培训验证	20	18		
		2-2-4 企业效果反馈	20	12		
	2-3 考核指南（30 分）	▲ 2-3-1 文本	10	6		
		▲★ 2-3-2 专家论证	20	18		
3. 资源包	3-1 课程资源（60 分）	▲★ 3-1-1 模块课程	60	54		
	3-2 学习资源（100 分）	3-2-1 学习材料	30	18		
		3-2-2 资源库建设	40	24		
		3-2-3 模拟考核系统	30	18		
	3-3 信息资源（20 分）	3-3-1 新技术信息	10	6		
		3-3-2 职业技能案例	10	6		
4. 管理	4-1 组织机构（45 分）	▲ 4-1-1 组织机构	10	6		
		▲ 4-1-2 开发团队	15	9		
		▲ 4-1-3 合作单位	20	12		
	4-2 项目管理制度（40 分）	▲ 4-2-1 项目管理制度	10	6		
		4-2-2 专项资金使用	15	9		
		4-2-3 项目持续改进	15	9		
总得分						
专家签字					评估日期	年　月　日

第二部分

天津市职业培训包项目开发指导

第七章 天津市“职业培训包”项目开发指导

一、认识“职业培训包”

1.“职业培训包”的命名与代码

本“职业培训包”以《中华人民共和国职业分类大典》中的职业冠名，以职业资格技能等级打包。如维修电工职业含有5个培训包：维修电工初级资格（5级）培训包、维修电工中级资格（4级）培训包、维修电工高级资格（3级）培训包、维修电工技师资格（2级）培训包、维修电工高级技师资格（1级）培训包。

1）命名

命名格式：职业名称－等级资格培训包。

2）代码

代码格式：TJB a（ b ）- c

格式说明如下。

TJ：代表天津市。

B：代表“职业培训包”。

a位：职业（工种）名称编码，按国家标准统一编制代码。

b位：等级资格，分为初级（5级）、中级（4级）、高级（3级）、技师（2级）、高级技师（1级）。

c位：版本号，用罗马数字Ⅰ、Ⅱ、Ⅲ、Ⅳ、Ⅴ标记。

3）举例

数控车操作工中级资格（4）培训包，Ⅰ版本。

代码为：TJB6040101（4）-Ⅰ

2.“职业培训包”的基本概念

“职业培训包”是依据国家职业标准，针对某一职业各层次的培训对象进行职业技能培训的资源总和（主要包括职业标准、教学内容、教材、教学形式、考核标准、师资标准、实训条件等）。

“职业培训包”培训模式是在国家职业标准和国家职业资格认证框架下，依据培训包职业标准、培训标准、师资配备标准、设备与环境配备标准，确立模块化、菜单式的职业培训体系，规范培训内容、培训方法、培训过程、考核评价方式，将培训资源“集中打包”，实现理论实操“捆绑作业”的职业技能培训。“职业培训包”建设的宗旨是要保障职业技能培训与国家职业资格证书紧密对接，保障职业培训的针对性、可持续性、规范性和有效性。

3.“职业培训包”的构成与功能

“职业培训包”按职业资格等级打包，其框架构成含标准包、指南包、资源包 3 部分，如图 7-1 所示。

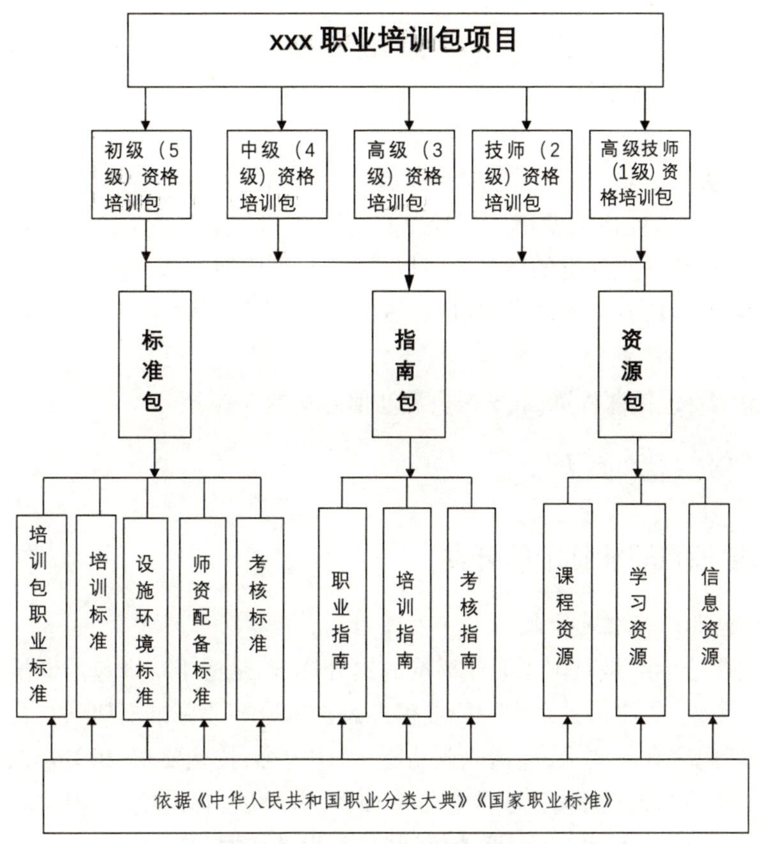

图 7-1　培训包开发基本框架

1)标准包

标准包是针对职业技能培训所做的统一规定，是指导职业技能培训的标准性文本和实施培训的依据，也是培训学员接受培训必须遵守的准则。标准包要对培训模式、培训内容、培训方法、师资队伍、设备与环境、培训考核等方面进行严格规范。

标准包主要包括培训包职业标准、培训标准、设施环境标准、师资配备标准和考核标准 5 部分。

2)指南包

指南包是供给培训学员和培训教师了解、使用“职业培训包”的服务性文本，还是为培训学员提供职业培训、技能鉴定、职业介绍、就业咨询服务的窗口。培训包要为培训学员推荐培训菜单，便于培训学员方便快捷地选择培训模块；培训包要为培训学员提供丰富的培训项目、大量的职业信息、就业岗位信息，为培训学员培训、择业、就业搭建服务平台。指南包为培训教师提供职业技能培训组织、教学和规范管理的技术性和指导性文本。培训包中的培训指南即为培训教师必须执行的培训大纲或培训方案。

指南包主要包括职业指南（“职业培训包”介绍）、培训指南（模块化培训体系、培训计划）、考核指南 3 部分。

3)资源包

资源包是“职业培训包”的重要组成部分。培训包要有丰富的培训资源，供培训对象、培训教师、培训机构使用。其资源的先进性和可操作性不仅方便教师直接选用，而且能为教师采用先进的教学手段提供方便，是培训教师上岗组织培训、指导学员训练的得力工具；其丰富的学习、信息资源，要成为培训学员即时学习和训练的好帮手。

资源包主要包括课程资源、学习资源和信息资源 3 部分。

二、“职业培训包”的开发

（一）培训包职业标准的开发

1. 培训包职业标准是什么

培训包职业标准是对国家职业标准的提升标准，是适于培训包培训模式的职业标准。简单来说，天津市的培训包职业标准是在国家职业标准框架下结合天津产业需要，扩充新内容和新要求，包括职业功能、工作内容、技能要求、相关知识等方面内容而形成的提升标准（对国家职业标准有保留、有增项、有减项）。国家职业标准和新开发的培训包职业标准即为“职业培训包”开发的依据。

2. 培训包职业标准开发的工作任务、标准要求

第一项任务：采取多种形式和手段，深入细致地做好职业岗位工作调研。各开发团队要充分认识培训包职业标准开发的重要性，把培训包职业标准开发作为第一重要的工作。因为它是整个项目开发的基础，是创新培训包培训模式、建立培训包资源的源头。项目负责人必须带领开发团队对其给予高度重视，并采取多种形式和手段

（如报告、问卷、座谈、采访、现场表演、参观等），以认真科学的态度在天津具有代表性的高技术产业企业中深入细致地开展调研工作，从实际工作岗位上采集第一手资料，保证调研内容全面、真实、可靠。

第二项任务：建立调研档案，做好调研准备和调研组织工作，按调研场次建档立案，保留纪实材料。纪实材料的内容包括企业名称、企业性质、企业规模、人员身份，还包括调研方法、调研时间、地点、调研岗位、调研内容、调研过程、调研结果等。

第三项任务：完成高质量的培训包职业标准的开发调研报告。调研报告是培训标准产生的重要基础，其重点要综合论述调研对象（调研企业明细，包括名称、性质、人员等）、调研方法、调研岗位、调研场次、调研过程、调研结果等内容。

第四项任务：提交培训包职业标准开发调研报告的必备附件 2 个。

附件 1：调研档案纪实材料。

附件 2：国家职业标准提升依据汇总表。

第五项任务：完成培训包职业标准文本的撰写。

第六项任务：组织进行培训包职业标准的开发论证工作，并提交论证报告。

3. 培训包职业标准的开发步骤

1）深入研究国家职业标准

认真学习国家职业标准，全面掌握国家职业标准的基本框架与基本内容，深刻领会国家职业标准按职业等级提出的职业功能、工作内容、技能要求、相关知识的基本内涵。

2）认真做好职业岗位工作情况的调查研究

首先，要在高端技术产业领域选择大量的行业企业单位，采取多种方式广泛调查了解当前职业岗位的工作内容、工作任务、三新技术应用情况，做好调查记录，立档建案。

其次，分析研究现行的国家职业标准与目前天津产业生产实际不相适应的方面、内容，分析不适应覆盖面大小，调查不适应企业所占比例。

再次，依照国家职业标准框架对职业功能、工作内容、技能要求及相关知识等内容提出保留内容、增减内容，提出保留、增项、减项的依据，完成国家职业标准提升依据汇总表，如表 7-1 所示。

最后，完成调研报告，如表 7-2 所示。

3）撰写草稿

在充分调研基础上按国家职业标准框架撰写各等级培训包职业标准草稿，培训包职业标准模板见表 7-3。

4）按职业进行各等级培训包职业标准论证

首先，各开发单位要按职业召开培训包职业标准论证会，聘请企业、行业专家对各等级培训包职业标准的内容进行充分论证、交流，必须保留论证记录。

其次，按各等级梳理、修改培训包职业标准的内容。

再次，提交论证报告，报告如表 7-4 所示。

最后，完成修改稿

4. 检查验收材料清单

验收材料包括如下几项。

（1）国家职业标准提升依据汇总表 1 个。

（2）培训包职业标准开发调查报告 1 份。

（3）培训包职业标准文本 1 个。

（4）培训包职业标准论证报告 1 份。

（5）培训包职业标准调研档案 1 份。

表 7-1　国家职业标准提升依据汇总表(模板)

××× 职业中级资格(4)- Ⅰ国家职业标准提升依据汇总表 (如:维修电工(TJB 6070605)中级资格(4)- Ⅰ国家职业标准提升依据汇总表)							
职业功能	工作内容	技能要求	相关知识	保留 / 删减 / 增加	依据国企	依据民企	依据其他
1×××	1-1 ×××	1-1-1 ×××	1-1-1 ×××		××× 名称、比例	××× 名称、比例	××× 名称、比例
		1-1-2 ×××	1-1-2 ×××		××× 名称、比例	××× 名称、比例	××× 名称、比例
	1-2 ×××	1-2-1 ×××	1-2-1 ×××		××× 名称、比例	××× 名称、比例	××× 名称、比例
		1-2-2 ×××	1-2-2 ×××		××× 名称、比例	××× 名称、比例	××× 名称、比例
		1-2-3 ×××	1-2-3 ×××		××× 名称、比例	××× 名称、比例	××× 名称、比例
	1-3 ×××	1-3-1 ×××	1-3-1 ×××		××× 名称、比例	××× 名称、比例	××× 名称、比例
		1-3-2 ×××	1-3-2 ×××		××× 名称、比例	××× 名称、比例	××× 名称、比例
2×××	2-1 ×××	2-1-1 ×××	2-1-1 ×××		××× 名称、比例	××× 名称、比例	××× 名称、比例
		2-1-2 ×××	2-1-2 ×××		××× 名称、比例	××× 名称、比例	××× 名称、比例
		2-1-3 ×××	2-1-3 ×××		××× 名称、比例	××× 名称、比例	××× 名称、比例
	2-2 ×××	2-2-1 ×××	2-2-1 ×××		××× 名称、比例	××× 名称、比例	××× 名称、比例
		2-2-2 ×××	2-2-2 ×××		××× 名称、比例	××× 名称、比例	××× 名称、比例
	2-3 ×××	2-3-1 ×××	2-3-1 ×××		××× 名称、比例	××× 名称、比例	××× 名称、比例
		2-3-2 ×××	2-3-2 ×××		××× 名称、比例	××× 名称、比例	××× 名称、比例
		2-3-3 ×××	2-3-3 ×××		××× 名称、比例	××× 名称、比例	××× 名称、比例

表 7-2　培训包职业标准调研报告（模板）

培训包职业标准调研报告

——××× 职业中级资格（4）- I

目录

1. 调研对象综述
企业名称明细、企业性质、企业规模、人员身份等
2. 调研场次说明（调研时间、地点、内容）
3. 调研方法综述
4. 调研岗位综述
5. 调研过程综述
6. 调研结果综述

编写正文

表 7-3　培训包职业标准(模板)

×××职业中级资格(4)-Ⅰ培训包职业标准 (如:维修电工(TJB 6070605)中级资格(4)-Ⅰ培训包职业标准 工作要求)			
职业功能	工作内容	技能要求	相关知识
1×××	1-1×××	1-1-1×××	1-1-1×××
		1-1-2×××	1-1-2×××
	1-2×××	1-2-1×××	1-2-1×××
		1-2-2×××	1-2-2×××
		1-2-3×××	1-2-3×××
	1-3×××	1-3-1×××	1-3-1×××
		1-3-2×××	1-3-2×××
2×××	2-1×××	2-1-1×××	2-1-1×××
		2-1-2×××	2-1-2×××
		2-1-3×××	2-1-3×××
	2-2×××	2-2-1×××	2-2-1×××
		2-2-2×××	2-2-2×××
		2-2-3×××	2-2-3×××
3×××	3-1×××	3-1-1×××	3-1-1×××
		3-1-2×××	3-1-2×××
	3-2×××	3-2-1×××	3-2-1×××
		3-2-2×××	3-2-2×××
	3-3×××	3-3-1×××	3-3-1×××
		3-3-2×××	3-3-2×××
		3-3-3×××	3-3-3×××

续表

<table>
<tr><td rowspan="4"></td><td rowspan="4"></td><td></td><td></td></tr>
<tr><td></td><td></td></tr>
<tr><td></td><td></td></tr>
<tr><td colspan="2"></td></tr>
<tr><td colspan="4">基本要求</td></tr>
<tr><td>职业道德</td><td colspan="3"></td></tr>
<tr><td>基础知识</td><td colspan="3"></td></tr>
</table>

表 7-4　“培训包”项目专家论证报告

<table>
<tr><td colspan="5">“培训包”项目专家论证报告
开发单位盖章　　　　　　　　　　　　　　日期　　年　月　日</td></tr>
<tr><td colspan="2">开发单位</td><td colspan="3"></td></tr>
<tr><td colspan="2">论证项目</td><td colspan="3"></td></tr>
<tr><td colspan="2">组织论证单位</td><td colspan="3"></td></tr>
<tr><td colspan="2">论证时间</td><td colspan="3"></td></tr>
<tr><td colspan="2">论证地点</td><td colspan="3"></td></tr>
<tr><td rowspan="9">论证专家组</td><td>组长姓名</td><td>职务 / 职称</td><td>单位名称</td><td>企业性质</td></tr>
<tr><td></td><td></td><td></td><td></td></tr>
<tr><td>成员姓名</td><td>职务 / 职称</td><td>单位名称</td><td>企业性质</td></tr>
<tr><td>1</td><td></td><td></td><td></td></tr>
<tr><td>2</td><td></td><td></td><td></td></tr>
<tr><td>3</td><td></td><td></td><td></td></tr>
<tr><td>4</td><td></td><td></td><td></td></tr>
<tr><td>5</td><td></td><td></td><td></td></tr>
<tr><td>6</td><td></td><td></td><td></td></tr>
<tr><td>论证意见</td><td colspan="4"></td></tr>
<tr><td>专家签字</td><td colspan="4"></td></tr>
</table>

注：论证专家组成员为 5~7 人。

(二)培训标准的开发

1. 培训标准是什么

培训标准是培训机构组织实施技能培训的纲领性文本,是衡量、评价培训对象的知识、技能、素质水准的依据。培训标准所设定的培训内容源于且高于培训包职业标准。培训标准开发就是要依据国家职业标准和培训包职业标准所确定的职业功能、工作内容、技能要求及相关知识,开发与培训内容相关的标准性文本,将培训标准与从业人员的职业知识、职业技能、职业道德3个方面的培训目标建立一一对应的关系,对职业培训适应范围提出严格要求,以保证职业培训内容与国家职业标准、国家职业资格认证紧密对接。

2. 培训标准开发的工作任务、标准要求

第一项任务:深入企业职业岗位,做好岗位工作指标的调研。培训标准开发是培训包开发的难点。各项目开发团队要对应培训包职业标准中的职业功能和岗位工作内容,在不同性质的企业中寻找多个典型的工作岗位,调查每个岗位的工作任务,了解其工艺流程,熟悉技能操作规程、工作质量标准,分析研究每项技能工作为达到质量指标对从业人员的能力要求,分析岗位所需的知识、技能、素质水准,为确立岗位工作能力单元要素和实作指标找到科学依据。

第二项任务:依据职业功能和岗位工作内容划分能力单元(单项工作任务),归纳、确立能力单元要素和实作指标,确立学员经培训后应达到的学历水平和能力水平。

能力单元是对任务和技能的描述,是培训对象需要完成的单项任务。能力单元要素阐述能力单元中基本的学习目标,包括职业知识、职业技能、职业道德。实作指标是对需要完成的任务和技能指标的描述,也是培训鉴定指标的依据。注意:能力要素中对文明生产、职业习惯、团队合作等也要提出明确具体的要求。

第三项任务:建立能力单元编码。为方便开发内容的编写,方便明示模块化培训体系、培训标准与培训包职业标准建立的对应关系,在开发过程中应对各能力单元建立能力单元编码。

第四项任务:确立能力单元要素和实作指标的适用范围。考虑到企业及工作场所之间的差异,要对各单元任务涉及的领域、设施设备的使用范围、工具材料、工作标准要求、职场健康与安全、产品质量要求等进行描述,以示规范。此工作要求结合生产实际,并体现新技术、新工艺、新材料的应用要求,重点可从下述几方面详细说明。

(1)实作对象:描述岗位工作涉及的领域及所面临的实操新型设备,了解设备的类型、规格、配置等。

(2)工作标准要求:描述岗位工作的工艺流程及规范要求、质量标准要求,提出按操作规程进行工作的要求等。

（3）工具材料：描述完成岗位工作任务必备的辅助设施、工具、材料等，包括这些设施设备的类型、数量等。

（4）场所环境：包括废物处理、噪声、灰尘控制、清洁管理等内容。

（5）健康与安全：包括劳动保护规定用品、安全设施、安全操作规范等内容。

第五项任务：撰写培训标准草稿。

第六项任务：论证与修改培训标准。

3. 培训标准的开发步骤

（1）分组做好岗位工作指标调研。

首先，借助培训包职业标准调研的基础，分组到不同企业，抓住重点岗位、有代表性的岗位，了解岗位的工作内容、任务要求，了解岗位的工作指标，做好调查记录，建档立案。

其次，结合调研情况和目前社会培训的实际，分析每一项技能工作对从业人员的能力项目要求和能力标准要求，分析岗位所需的知识、技能、素质水准。

最后，论证培训学员培训后应达到的学习水平和能力水平。

（2）编写能力单元要素和实作指标细目。

首先，依据职业功能和岗位工作内容划分能力单元，建立能力单元编码。

其次，从典型工作任务出发，基于工作过程，分析从业人员应有的技术水准及能力项，并从职业知识、职业技能、职业道德 3 个方面提出具体能力单元要素，在技术专家的指导下对工作需要的能力要素进行梳理、归纳、系列化、规范化。

最后，编写能力单元要素和实作指标细目，模板见表 7-5。

（3）确立能力单元要素和实作指标适用范围。

能力单元要素和实作指标适用范围汇总表如表 7-6 所示。

（4）完成培训标准，撰写草稿。

（5）完成培训标准论证，提交论证报告。

（6）培训标准文本修改。

4. 验收的材料清单

验收材料如下所示。

（1）培训标准文本 1 个（主要含能力单元要素和实作指标细目表，能力单元要素和实作指标适用范围汇总表）。

（2）培训标准论证报告 1 份。

（3）培训标准调研档案 1 套。

表 7-5　能力单元要素和实作指标细目(模板)

<table>
<tr><td colspan="4">×××职业中级资格(4)-Ⅰ培训标准-能力单元要素、实作指标细目
(如:维修电工(TJB 6070605)中级资格(4)-Ⅰ培训标准)</td></tr>
<tr><td>职业功能
(模块)</td><td>工作内容
(能力单元)</td><td>能力单元要素
(阐述能力单元的基本学习目标,包括职业知识、职业技能、职业道德)</td><td>实作指标
(确定能力要素的技术水平)</td></tr>
<tr><td rowspan="11">1×××</td><td rowspan="3">1-1×××</td><td>1-1-1×××</td><td>1-1-1-1×××
1-1-1-2×××</td></tr>
<tr><td>1-1-2×××</td><td>1-1-2-1×××
1-1-2-2×××</td></tr>
<tr><td>1-1-3×××</td><td>1-1-3-1
1-1-3-2</td></tr>
<tr><td rowspan="2">1-2×××</td><td>1-2-1×××</td><td>1-2-1-1×××
1-2-1-2×××</td></tr>
<tr><td>1-2-2×××</td><td>1-2-2-1×××
1-2-2-2×××</td></tr>
<tr><td>1-3×××</td><td></td><td></td></tr>
<tr><td colspan="3">培训后达到的水平</td></tr>
<tr><td>水平
综述</td><td colspan="2"></td></tr>
<tr><td>职业
道德</td><td colspan="2"></td></tr>
<tr><td colspan="2">学习水平(培训对象获得的学习成果)</td><td>能力水平(培训对象展示的能力)</td></tr>
<tr><td colspan="2"></td><td></td></tr>
<tr><td>备注</td><td colspan="3"></td></tr>
</table>

续表

<table>
<tr><td>职业功能
（模块课程）</td><td>工作内容
（能力单元）</td><td>能力单元要素
（阐述能力单元的基本学习目标，包括职业知识、职业技能、职业道德）</td><td>实作指标
（确定能力要素的技术水平）</td></tr>
<tr><td rowspan="10">2×××</td><td rowspan="2">2-×××</td><td></td><td></td></tr>
<tr><td></td><td></td></tr>
<tr><td rowspan="2">2-2×××</td><td></td><td></td></tr>
<tr><td></td><td></td></tr>
<tr><td colspan="3">培训后达到的水平</td></tr>
<tr><td>水平
综述</td><td colspan="2"></td></tr>
<tr><td>职业
道德</td><td colspan="2"></td></tr>
<tr><td colspan="2">学习水平（培训对象获得的学习成果）</td><td>能力水平（培训对象展示以下能力）</td></tr>
<tr><td colspan="2"></td><td></td></tr>
<tr><td colspan="2"></td><td></td></tr>
<tr><td>备注</td><td colspan="2"></td><td></td></tr>
</table>

表 7-6　能力单元要素和实作指标适用范围汇总表

××× 职业中级资格(4)- Ⅰ培训标准 - 能力单元要素和实作指标适用范围汇总 (如:维修电工(TJB 6070605)中级资格(4)- Ⅰ培训标准)					
职业功能（模块）	工作内容（能力单元）	适用范围			
		实作对象	工作标准	工具材料	场所环境
1×××	1-1×××				
	1-2×××				
	1-3×××				
2×××	2-1×××				
	2-2×××				

（三）考核标准的开发

1. 考核标准是什么

考核标准是客观、公正、公平、实事求是地评价学员的培训成果，客观衡量培训学员的知识、技能、素质水准的评价规则，也是实施职业技能鉴定考核的依据。考核标准包括考核项目、考核内容、考核比重、考核评分、考核时间、鉴定指南等，内容与国家职业技能认证考核（职业技能鉴定考核）要求相统一。

2. 考核标准开发的工作任务、标准要求

第一项任务：确定考核内容。考核内容不能脱离培训标准中的能力单元要素和实作指标，要用表格列出鉴定、考核要点细目（包括理论基础和技能要点），注意参考国家职业标准提出的基础知识。

第二项任务：确定考核比重表（参考国家职业标准）。

第三项任务：确定考核时间（参考国家职业标准）。

第四项任务：确定评价方式（创新、建立考核评价方案）。确定最优的考核方式，创新与培训包培训模式相适应的考核评价模式，这是培训包开发的难点之一。对不同职业、不同等级的考核可采取不同的方式，也可能是将几种考核方式结合在一起。特别是实操考核，对以下方式建议做深入探讨，并加以实践论证：①现场观摩考核；②虚拟考核；③项目实操考核；④笔试考核；⑤口试考核；⑥作品展示考核；⑦综合评审。

第五项任务：明确鉴定规范标准。培训包要对鉴定范围提出明确的要求，如下所示。

（1）实操鉴定应在职场或模拟环境下进行。

（2）按照培训包的职业标准、安全操作规范、职场健康安全法规要求进行鉴定。

培训包要对鉴定方法提出以下明确的要求。

（1）鉴定方法必须确认基础知识与技能的一致性和准确性。

（2）鉴定中必须直接观察工作任务的完成情况、询问知识点掌握情况、考察知识与技能结合情况、考察职业素质情况。

（3）鉴定要求提供过程证据。

（4）鉴定的证据收集由鉴定机构负责。

3. 考核标准的开发步骤

（1）确定考核内容。提交鉴定考核要点细目表（包括理论基础和技能要点）。鉴定考核要点细目如表 7-7 所示。

（2）确定考核比重表。表 7-8 为考核比重表（理论），表 7-9 为考核比重表（技能操作）。

（3）确定考核时间。

（4）确定考核方案，按鉴定考核形式进行鉴定考核方案开发设计。

（5）明确鉴定规范标准，形成文本。

4. 检查验收材料清单

验收材料清单包含如下几项。

（1）鉴定考核要点细目表

（2）考核比重表（理论、技能操作）

（3）考核鉴定方案设计

（4）鉴定规范标准（文本）

表 7-7　鉴定考核要点细目

理论知识（基础知识、相关知识）	
考核内容	知识点
1×××	（1）××× （2）××× （3）××× （4）××× （5）××× （6）××× （7）×××
2×××	（1）××× （2）××× （3）××× （4）××× （5）×××
操作技能	
考核内容	技能要点
1×××	（1）××× （2）××× （3）×××
2×××	（1）××× （2）××× （3）×××

表 7-8　考核比重表(理论)

<table>
<tr><td colspan="4">×××职业×××级资格(×××)-Ⅰ考核比重表(理论)
如:维修电工(TJB 6070605)中级资格(4)-Ⅰ考核比重表(理论)</td></tr>
<tr><td colspan="3">项　目</td><td>比　重/%</td></tr>
<tr><td rowspan="2">基本要求</td><td colspan="2">职业道德</td><td></td></tr>
<tr><td colspan="2">基础知识</td><td></td></tr>
<tr><td rowspan="8">相关知识</td><td rowspan="3">1(提示:对应功能)</td><td>1-1(提示:对应工作内容)</td><td></td></tr>
<tr><td>1-2</td><td></td></tr>
<tr><td>1-3</td><td></td></tr>
<tr><td rowspan="3">2</td><td>2-1</td><td></td></tr>
<tr><td>2-2</td><td></td></tr>
<tr><td>2-3</td><td></td></tr>
<tr><td rowspan="2">3</td><td>3-1</td><td></td></tr>
<tr><td>3-2</td><td></td></tr>
<tr><td colspan="3">合　计</td><td>100</td></tr>
</table>

表 7-9　考核比重表(技能操作)

<table>
<tr><td colspan="4">×××职业×××级资格(×××)-Ⅰ考核比重表(技能操作)
如:维修电工(TJB 6070605)中级资格(4)-Ⅰ考核比重表(技能操作)</td></tr>
<tr><td colspan="3">项　目</td><td>比　重/%</td></tr>
<tr><td rowspan="8">技能要求</td><td rowspan="3">1(提示:对应功能)</td><td>1-1(提示:对应工作内容)</td><td></td></tr>
<tr><td>1-2</td><td></td></tr>
<tr><td>1-3</td><td></td></tr>
<tr><td rowspan="3">2</td><td>2-1</td><td></td></tr>
<tr><td>2-2</td><td></td></tr>
<tr><td>2-3</td><td></td></tr>
<tr><td rowspan="2">3</td><td>3-1</td><td></td></tr>
<tr><td>3-2</td><td></td></tr>
<tr><td colspan="3">合　计</td><td>100</td></tr>
</table>

（四）师资配备标准的开发

1. 师资配备标准是什么

为保证培训质量和效果，培训包要对培训教师提出严格的标准要求，包括教师的任职基本条件、职业素质和能力水平要求等。

2. 师资配备标准开发的工作任务、标准要求

第一项任务：确定教师任职的基本条件。要求至少要明确以下几方面：学历（大专以上）；从事本职业工作多少年以上；有技师、高级技师资格等级证书（职业资格比学员至少高一等级）；获得"培训包"师资培训证等。

第二项任务：明确教师的职业素质和能力水平要求，包括爱岗敬业品质、职业道德、职业培训教育经历、水平和能力等方面的要求。

第三项任务：确定教师数量。配备原则：以培训班为单位，针对不同等级的培训，班级的规模可按照 10 人 / 班、20 人 / 班、40 人 / 班定制，教师配备为 2~4 人 / 班不等。教师配备不低于国家职业标准。

3. 开发步骤

（1）确定教师任职的基本条件。

（2）明确教师的职业素质和能力水平要求。

（3）确定教师数量。

（4）完成文稿。

4. 检查验收材料清单

验收材料清单包括师资配备标准文稿。

（五）培训场所环境标准的开发

1. 培训场所环境标准是什么

培训场所环境标准就是满足培训包培训模式要求的培训与考核场所要求、职场环境要求及设施设备条件等。

2. 场所环境标准开发的工作任务、标准要求

第一项任务：确定培训、考核设施标准。培训包培训对理论场所、实操场所提出严格的标准要求，包括场地条件、设备条件、安全条件、劳动保护条件等，具体如表 7-10 所示。

表 7-10　培训场所环境标准要求

理论场所设施（按单班培训设置标准） 按照国家标准教室设置	
场地条件	面积、间数等
设备条件	桌椅、多媒体设备、网络设备等
安全条件	照明、通风情况好，出入畅通，安全
实操场所设施 （按单班培训设置标准）	
场地条件	面积、间数； 凡需室外训练场地的执行有关规定
设备条件	列出设备清单、数量，能够满足一个培训班级的实操需要
安全条件	照明、通风情况好，出入畅通，安全，有消防设施
劳动保护设施	

第二项任务：确定职场环境标准。按企业的生产氛围建设职场环境，主要对以下方面建立标准：①设施、设备布局；②培训场所职业氛围；③培训场所维护制度、安全文明生产制度。

第三项任务：确定设备配备标准（清单）。按培训包培训标准配置设备及辅助工具、材料等。

3. 开发步骤

（1）确定培训、考核场所设施标准，如表 7-11 所示。

（2）确定职场环境标准。

（3）确定设备配备标准（清单），见表 7-12。

（4）完成文稿。

4. 检查验收材料清单

验收材料清单包括场所环境标准文稿。

表 7-11　场所设施标准例表

××× 职业 ××× 级资格(×××)- Ⅰ场所设施标准 如:维修电工(TJB 6070605)中级资格(4)- Ⅰ场所设施标准	
理论场所设施(接单班培训设置标准) 按照国家标准教室设置	
场地条件	
设备条件	
安全条件	
实操场所设施(按单班培训设置标准)	
场地条件	
设备条件	
安全条件	
劳动保护设施	

表 7-12　设备配备标准(清单)

××× 职业 ××× 级资格(×××)- Ⅰ场所设施标准 如:维修电工(TJB 6070605)中级资格(4)- Ⅰ场所设施标准						
职业功能	工作内容	实训项目	设备配备			
			名称	型号规格	数量 （个、台、套）	工具材料
		提示:结合模块化培训体系构建完成此项				

（六）职业指南的开发

1. 职业指南是什么

职业指南是为了让培训学员了解职业工作、职业认证、培训项目、培训模式的服务性文本。

2. 职业指南开发的工作任务、标准要求

第一项任务：撰写职业介绍。详细描述职业定义、工作职位（岗位）、工作任务、工作内容、工作场所、专业技术背景、基本职业素质、专业技能、职业认证、就业前景等内容。

第二项任务：撰写“职业培训包”介绍。对“职业培训包”整体内容进行描述，包括以下方面。

培训目的：从职业知识、职业技能、职业道德3个方面阐述通过培训达到的标准与水平。

培训对象：适应不同需求的人群。

培训目标：取得相应等级的职业资格证书或专项技能。

培训包框架内容：对培训包框架进行介绍。

培训模块：选重点介绍。

培训时数：一般说明总课时数和模块课时数，可参考国家职业标准学时。

培训特点：一般描述包括以下几项。

（1）项目化培训特色：由生产项目导入学习和训练内容，从“用”入手“学”，使学习内容与训练项目紧密结合，使理论与实操结合。

（2）职业化培训特色：职业技能培训必须体现职业属性，把企业对职业属性的要求体现在培训包中，把学习训练过程与生产过程结合，把培训过程作为生产能力培养的过程。

（3）模块化（菜单式）培训特色：借鉴国际劳工组织开发的MES模式，按照职业或岗位应具备的职能划分模块，紧密结合任务模块中完成典型工作任务应具备的知识、技能和综合职业能力要求设计模块内容，其中每个单项知识和技能又作为任务模块中的能力单元。以此建立模块化培训体系，方便不同层次的人员选择适宜的模块或能力单元进行培训、学习。

（4）新技术应用培训特色：根据行业、企业的需求，不断拓展“职业培训包”覆盖的职业范围；根据职业发展情况，不断调整更新“职业培训包”的内容，保持技术应用先进性。

第三项任务：编写培训学员选择模块方法的介绍，具体包括培训模块选择指导、培训项目选择指导、考核方式选择指导。

3. 开发步骤

（1）撰写职业介绍。

（2）撰写“职业培训包”介绍。

（3）撰写培训学员模块选择方法介绍。

（4）完成职业指南文稿。

4. 检查验收材料清单

验收材料为职业指南文稿。

（七）培训指南的开发

1. 培训指南是什么

培训指南包括模块化（菜单式）培训体系，即培训方案和培训计划。模块化培训体系是培训包的重要部分，是按技能认知、形成的规律设计的培训方案，其中包括对培训内容、培训模块、培训评价的具体描述和对培训条件、培训方法的具体说明。

2. 培训指南开发的工作任务、标准要求

第一项任务：编制课程码

模块化课程编码的格式为 a（b）- c- d。

a 位：职业（工种）编码，按国家标准统一编制代码。

b 位：等级码。5 为初级，4 为中级，3 为高级，2 为技师，1 为高级技师。

c 位：版本号，如 Ⅰ、Ⅱ、Ⅲ、Ⅳ、Ⅴ等。

d 位：课程码，如 00，01，02，03，04，05 等。

例如：课程 6040101（3）- Ⅰ -04 指：数控车，高级工，Ⅰ版本，数控车床维护与故障诊断训练课程。

第二项任务：搭建培训体系框架。模块化划分方法如下。

（1）按照职业职能岗位任务划分模块，紧密结合在任务模块中完成典型工作应具备的知识、技能和综合职业能力要求，设计模块课程，其中每个单项知识和技能又作为任务模块中的能力单元。

一门模块化课程可对应职业标准中的一个或几个“职业功能”。每个能力单元对应职业标准中的一项工作内容。一个能力单元对应一个实训项目，实训项目中可含多项实训任务。

（2）每个实训任务必须与培训标准中的能力单元要素（学习目标）和技能实作指标建立对应关系。用恰当方式详细、具体地表述培训内容、过程、方法、手段等内容，使培训者能够清楚地了解整个培训体系（或模块）结构。

第三项任务：编写培训计划。培训计划用表格形式呈现，具体内容包括以下几项。

（1）课程类型：采用“一体化”教学方式。

（2）培训形式：多媒体教学、现场教学或其他。

（3）课程资源：课程资源所包含的资源，还有其他参考资料如参考书、网上内容、专业影像资料、课件、软件、学校或企业参观等。

（4）学时：每个培训包学时数不低于国家职业标准规定的学时数。

（5）培训环境条件：一般项包括实训现场环境要求、设备、工具、材料等，特殊项包括水、电、气等。

（6）考核鉴定：包括鉴定申报、审批；考核时间、地点、准考证确定；理论考核，实操考核组织。

3. 开发步骤

（1）完成课程码编制。

（2）搭建培训体系框架。

（3）编写培训计划。

（4）完成培训指南文稿。

4. 检查验收材料清单

验收材料清单包括如下几项。

（1）培训体系。

（2）培训计划。

（3）培训指南文稿。

5. 培训指南开发相关文本编写模板

1）模块化培训体系

模块化培训体系示例见表 7-12。

表 7-12　模块化培训体系例表

××× 职业 ××× 级资格（×××）- Ⅰ模块化培训体系 如：维修电工（TJB 6070605）中级资格（4）- Ⅰ模块化培训体系					
模块课	课程代码	能力单元	能力单元编码	实训项目（任务）	学时
×××		1×××		实训项目一 实训任务 1 实训任务 2	
		2×××		实训项目二 实训任务 1 实训任务 2	
×××		3×××		实训项目三 实训任务 1 实训任务 2	
		4×××		实训项目四 实训任务 1 实训任务 2	
×××					

2)培训计划

表 7-13 为培训计划。

×××职业×××级资格(×××)-Ⅰ培训计划

如:维修电工 TJB 6070605 中级资格(4)-Ⅰ培训计划

表 7-13　培训计划表

<table>
<tr><td rowspan="2">序号</td><td colspan="3">培训模块</td><td rowspan="2">课程类型
(培训形式)</td><td rowspan="2">培训环境条件</td><td rowspan="2">课程资源</td><td rowspan="2">课时</td></tr>
<tr><td>类型</td><td>模块代码</td><td>模块课程名称</td></tr>
<tr><td>1</td><td>提示:此处为模块类型</td><td></td><td></td><td></td><td></td><td></td><td></td></tr>
<tr><td>2</td><td></td><td></td><td></td><td></td><td></td><td></td><td></td></tr>
<tr><td>3</td><td></td><td></td><td></td><td></td><td></td><td></td><td></td></tr>
<tr><td>4</td><td></td><td></td><td></td><td></td><td></td><td></td><td></td></tr>
<tr><td colspan="2">考核(鉴定)</td><td colspan="6">鉴定申报:(明确申报条件、鉴定费用、报名手续等)
考核时间:　理论:　实操:
考核地点:
考核准备:(明确学员考前准备、注意事项等)</td></tr>
</table>

(八)考核指南的开发

1. 考核指南是什么

培训包要为学员技能考核提供服务窗口。考核指南包括申报条件介绍、考核形式介绍、考核细目介绍、报考方法介绍、证书情况介绍等。

2. 考核指南开发的工作任务、标准要求

第一项任务:介绍申报条件。

第二项任务:介绍考核形式。

第三项任务:编写各级鉴定考核要素细目。

第四项任务:介绍报考办法。

第五项任务:介绍证书样本、证书查询方法。

3. 开发步骤

(1)编写申报条件介绍。

(2)编写考核形式介绍。

(3)编写各级鉴定考核要素细目。

(4)编写报考办法介绍。

(5)完成考核指南文稿。

4. 检查验收材料清单

验收材料为考核指南文稿。

(九)课程资源的开发

1. 课程资源是什么

课程资源是为培训对象提供的系统学习材料,是为培训机构提供教学指导的材料。课程资源是培训包开发的动态资源,开发的重点是模块(整体设计)与开发及教学资源积累。

2. 课程资源开发的工作任务、标准要求

第一项任务:模块设计与开发,以模块课程及实训项目为设计单元。

第二项任务:汇编教学资源(图片、录像、动画)。

第三项任务:完成文本。

3. 开发步骤

(1)设计与开发模块,模板见表 7-14。

(2)汇编教学资源。

(3)编写课程资源文本。

表 7-14　模块（整体设计）开发模板

<table>
<tr><td colspan="4">×××职业×××级资格（x）-Ⅰ模块设计
如：维修电工 TJB 6070605 中级资格（4）-Ⅰ模块设计</td></tr>
<tr><td>能力单元名称</td><td></td><td>能力单元代码</td><td></td></tr>
<tr><td>实训项目名称</td><td></td><td>学时数</td><td></td></tr>
<tr><td colspan="4">【项目背景描述】

【实训技能示意】

实训任务 1
实训内容：
1.
2.
3.
学习目标：
1.
2.
3.
技能实作指标：
1.
2.
实训任务 2
实训内容：
1.
2.
3.
学习目标：
1.
2.
3.
技能实作指标：
1.
2.
3.
实训任务 3：
实训内容：
1.
2.
3.
学习目标：
1.
2.
3.</td></tr>
</table>

续表

技能实作指标：

1.

2.

3.

【模块仿真试题】

【实操考核评分】

<table>
<tr><td>实训任务</td><td>配分</td><td colspan="6">各项内容评分标准(扣分)</td></tr>
<tr><td></td><td></td><td colspan="6">[1]
[2]
[3]
[4]
[5]</td></tr>
<tr><td></td><td></td><td colspan="6">[1]
[2]
[3]
[4]
[5]</td></tr>
<tr><td></td><td></td><td colspan="6">[1]
[2]
[3]
[4]
[5]</td></tr>
<tr><td>安全文明生产</td><td colspan="7">违反安全文明生产规程扣 5 ~ 30 分</td></tr>
<tr><td>定额时间 30 分钟</td><td colspan="7">每超时 2 分钟扣 1 分,超时 10 分钟后不再作答</td></tr>
<tr><td>备 注</td><td colspan="7">除定额时间外,各项目最高扣分不超过配分数</td></tr>
<tr><td>开始时间</td><td></td><td>结束时间</td><td></td><td>实际时间</td><td></td><td>成绩</td><td></td></tr>
</table>

（十）学习资源的开发

1. 学习资源是什么

相关的学习资源可以使学员保证学到应学的知识，保证学员实现知识、能力、态度方面的能力水平，保证培训质量，方便学员学习、训练，包括学习指南、练习题册、模拟试卷等。

2. 学习资源开发的工作任务、标准要求

第一项任务：学习指南是开发的重点之一。此部分的任务是编写学习指导教材。

第二项任务：编写练习题册，为学员日常练习之用。

第三项任务：编写模拟试卷 10 套，为学员最终总结复习之用。

3. 开发步骤

（1）编写学习指导教材。

（2）编写练习题册。

（3）编写模拟试卷。

4. 检查验收材料清单

验收材料包括如下几项。

（1）学习指导教材。

（2）练习题册。

（3）模拟试卷 10 套。

（十一）信息资源的开发

1. 信息资源是什么

信息资源可让培训包的使用者更多地了解、熟悉职业领域发展的动态及基本状况，如职业领域信息介绍、职业技术水平案例展示等。

2. 信息资源开发的工作任务、标准要求

第一项任务：介绍职业发展动态信息。

第二项任务：汇编职业技能新技术应用案例。

第三项任务：自主开发其他内容。

3. 开发步骤

第一：编写职业发展动态信息介绍。

第二：编写职业技能新技术应用案例。

4. 检查验收材料清单

（1）新技术动态信息文本。

（2）职业技能水平项目案例。

三、“职业培训包”项目的工作流程

“职业培训包”项目按3阶段进行，分别为项目开发阶段、项目实验与改进阶段和项目结题验收与发布阶段，其工作流程详见图7-1~图7-3。

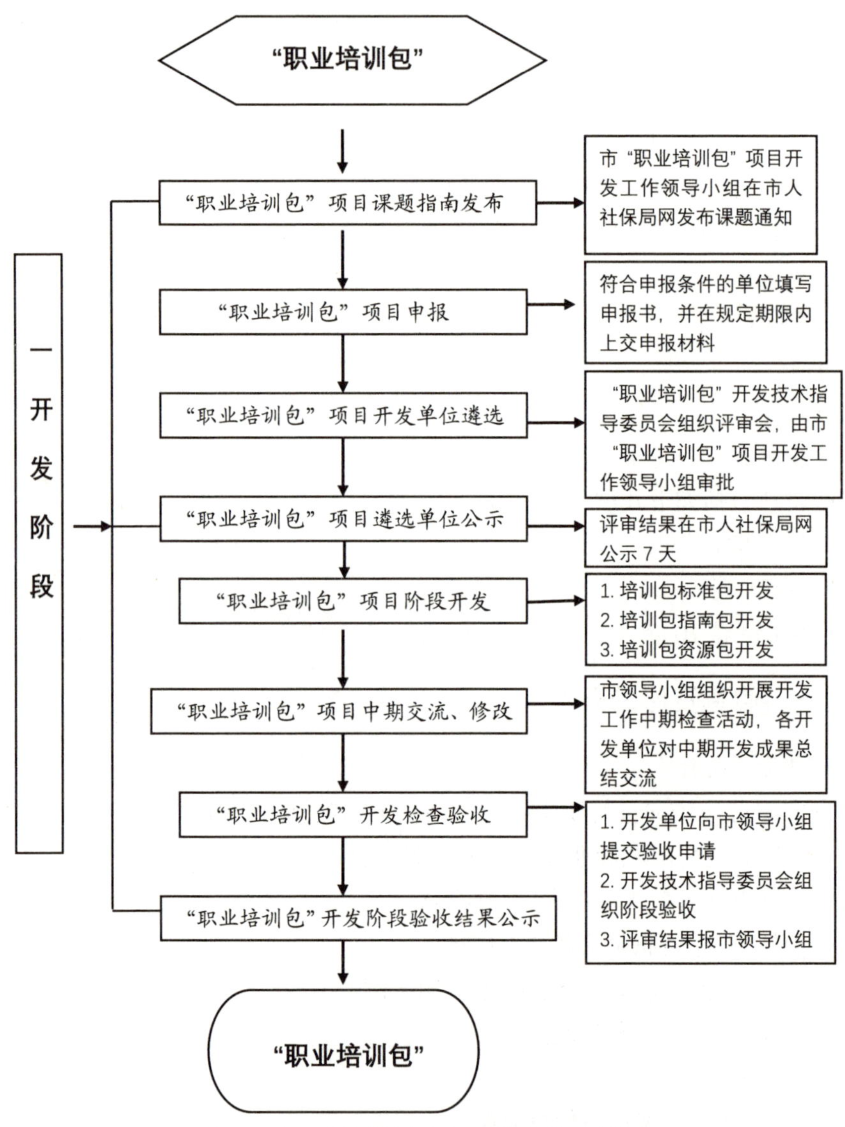

图7-1 “职业培训包”项目开发阶段工作流程

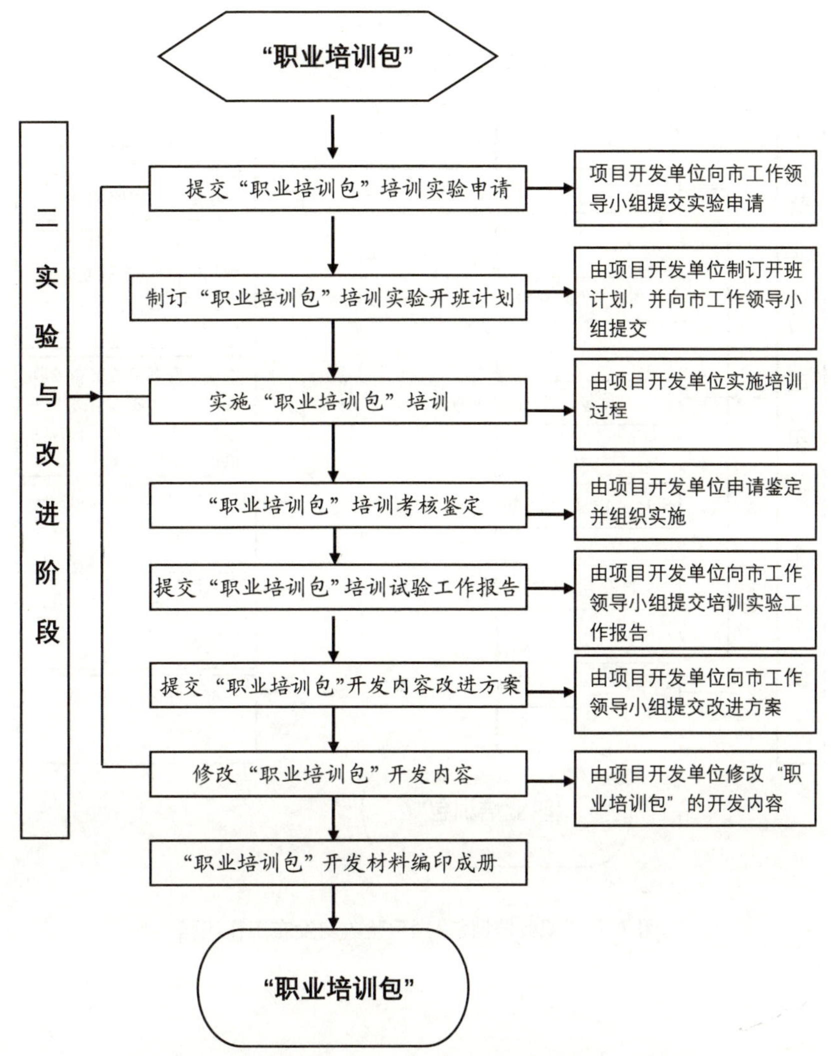

图 7-2 “职业培训包”项目实验与改进阶段工作流程

四、开发成果技术要求(培训包文本要求)

培训包文本要求如下。

(1)各职业项目负责人负责各级包文本的统稿。

(2)各职业培训包按统一规格要求排版。

(3)各职业培训包按统一风格设计文本封面。

(4)各职业培训包按统一规格装订成册。

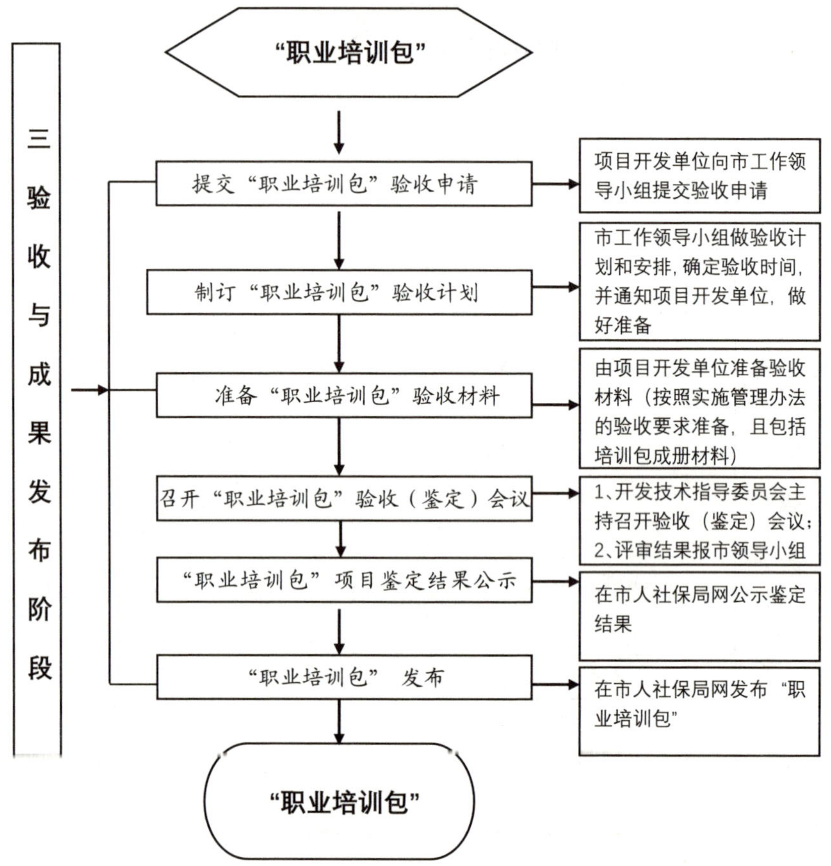

图 7-3 "职业培训包"项目验收与发布工作流程

第三部分

天津市职业培训包项目开发成果

第八章 天津市"职业培训包"企业调研与标准提升

本章以啤酒酿造工为例,展示职业培训包企业调研的过程与成果,并以啤酒酿造工高级工为例进行职业标准提升汇总展示。

第一节 啤酒酿造工"职业培训包"企业调研报告

一、职业标准企业调研

(一)调研对象综述

啤酒酿造工职业标准中包括了对于啤酒酿造的生产操作的要求,项目组选取了10家大型企业作为调研对象,进行深入调研。这些调研对象的基本信息见表8-1。

表8-1 啤酒酿造工培训包调研对象概况

序号	名称	性质			规模(人)	调研对象身份
		国企	民企	外企		
1	北京啤酒朝日有限公司			√	800	企业生产部经理、车间主任、生产班组长
2	金星啤酒集团有限公司		√		5 000	生产副总、车间主任、生产班组长
3	生力(保定)啤酒有限公司			√	650	生产副总、质量管理部部长、人力资源部主管
4	哈尔滨啤酒(沈阳)有限公司			√	3 000	生产副总、人力资源主管、一线酿造员
5	天津市盘山啤酒厂	√			400	生产副总、车间主任、一线酿造工
6	华润雪花啤酒(天津)有限公司			√	600	生产副总、车间主任、生产班组长
7	青岛啤酒股份有限公司青岛啤酒二厂			√	495	生产总监、车间主任、生产班组长
8	北京燕京啤酒集团公司一分公司	√			2 017	副总工程师、车间主任、生产班组长
9	石家庄珠江啤酒有限公司	√			521	总经理、车间主任、生产班组长
10	金威啤酒(天津)有限公司	√			485	生产总经理、车间主任、生产班组长

（二）调研场次说明

本调研组针对以上10家啤酒生产企业开展了10场次的调研活动。调研内容主要包括：对啤酒酿造工中啤酒生产的职业标准进行调研，在国家职业标准框架下结合企业的实际需要，扩充新内容和新要求，形成提升标准。针对职业指南、培训指南进行调研，结合企业对于员工的各项、各类培训，修订职业指南、培训指南，构建完善的食品检验工培训体系，通过培训实现持证人员能够系统掌握啤酒酿造的相关知识技能，符合企业真实的生产需要，实现零距离上岗。

各场次调研时间和地点如下。

（1）北京啤酒朝日有限公司

调研时间：2014年7月2日上午9：00—11：30

调研地点：北京市怀柔区雁栖工业开发区雁栖路北1号

（2）金星啤酒集团有限公司

调研时间：2014年7月4日上午9：00—11：30

调研地点：河南省郑州市新郑路188号

（3）生力（保定）啤酒有限公司

调研时间：2014年7月12日下午2：00—5：30

调研地点：河北省保定生力街777号

（4）哈尔滨啤酒（沈阳）有限公司

调研时间：2014年7月27日上午9：00—11：30

调研地点：黑龙江省哈尔滨市香坊区油坊街20号

（5）天津市盘山啤酒厂

调研时间：2014年7月16日下午2：00—5：30

调研地点；天津市蓟州区官庄蓟官路

（6）华润雪花啤酒（天津）有限公司

调研时间：2014年7月6日上午9：00—11：30

调研地点：天津市北辰区双街开发区

（7）青岛啤酒股份有限公司青岛啤酒二厂

调研时间：2014年7月8日下午14：00—16：30

调研地点：青岛市李沧区台柳路602号

（8）北京燕京啤酒集团公司一分公司

调研时间：2014年7月13日上午9：00—11：30

调研地点：北京市顺义区向阳西街6号

（9）石家庄珠江啤酒有限公司

调研时间:2014 年 7 月 18 日下午 2:00—4:30

调研地点:河北省石家庄市鹿泉市获鹿县海山大街 15 号

(10)金威啤酒(天津)有限公司

调研时间:2014 年 7 月 25 日上午 9:00—11:30

调研地点:天津市空港物流加工区外环北路 1 号

(三)调研方法综述

对于本地企业,调研组主要采取与企业相关人员召开座谈会、现场参观和现场采访等方式开展调研,对于外地企业,则主要采用电话采访的方式开展调研。

(四)调研岗位综述

为了全方位对企业的生产管理、食品检验、人才需求进行调研,调研组主要选取 3 类人群作为调研对象,包括:①企业负责人、生产负责人和人力资源总管等;②生产部门主管、检测部门主管;③一线酿造人员。

(五)调研过程综述

调研过程包括以下几个阶段:第一阶段,成立调研小组,制订调研方案,为各调研场次确立方向和重点;第二阶段,依据调研方案对各企业开展调研工作,记录过程,形成调研过程报告;第三阶段,对各类企业的调研情况归类、总结,针对 10 个啤酒酿造企业完成 10 份调研结果报告,指导啤酒酿造工培训包职业标准和职业指南的修订;第四阶段,啤酒酿造工培训包职业标准和职业指南被修订后,组织专家对提升后的啤酒酿造工培训包进行论证,并根据专家的意见进一步修订,最终完成提升的啤酒酿造工培训包。

调研组根据与企业确定的行程安排,采取与选定的 3 类调研人群座谈、现场参观、现场采访或电话采访的方式开展调研工作。

通过与企业负责人、生产负责人和人力资源总管等座谈,重点调研:①企业的基本情况、生产管理模式和生产控制体系;②企业对食品检验人才的需求情况以及招聘条件;③啤酒酿造工证书的作用,初级、中级、高级、技师和高级技师等各级啤酒酿造工在企业中的作用,各级啤酒酿造工在生产控制岗位上所应具备的素质等。

通过到生产线和实验室现场参观以及与检验部门主管、生产部门主管进行交流,调研组重点了解:①生产部门的组织结构和生产项目等;②各生产班组和岗位的人员设置和职责;③各岗位对啤酒酿造人员的技能需求等。

通过与一线生产人员的交流,重点了解:①酿造人员所需具备的素质和技能;②工序项目的操作要点及需重点掌握的相应技能;③酿造人员需继续接受培训、亟待提高的技能；④啤酒酿造工资格证书的作用，针对啤酒酿造工培训的建议或意见等。

（六）调研结果综述

啤酒酿造工国家职业资格证书是企业招聘啤酒酿造人员的必备证书，也是上级主管部门进行审查时要求的啤酒酿造人员必备证书。企业对于从业人员的证书级别没有特别要求，一般为初级、中级即可。啤酒酿造工对高级工、技师级别的要求是能够正确控制发酵过程，能制备合格的脱氧水，能设定啤酒稀释比例并进行正确计算，能对酿造过程进行检查，能利用记录数据分析生产过程的运行状况，能建立消耗指标核算台账并提出改进意见。这就要求啤酒酿造工高级工、技师持证人员必须熟练掌握相关技能，为具有法律效力的第三方检测报告提供准确的数据。高级技师在食品质量检验、食品质量提高和食品质量控制体系的构建中发挥着重要作用。3 个调研小组通过 10 场次的调研，依据啤酒酿造工在各大啤酒生产企业中的职业功能进行总结，具体调研结果如下。

啤酒企业的生产项目是根据啤酒生产和 QS 认证要求的生产内容，生产项目见表 8-2。

表 8-2　啤酒类产品生产项目表

序号	生产项目	发证	监督	出厂	备注
1	生产准备	√	√	√	
2	接收物料	√	√	√	
3	设备调整	√	√	√	
4	产品制备	√	√	√	
5	过程控制	√	√	√	
6	安全生产	√	√	√	
7	质量评价	√	√	√	

二、企业调研问卷

啤酒酿造工企业调研问卷

（企业名称：________________________________）

尊敬的企业领导您好:

天津现代职业技术学院始终以培养企业需求的人才为己任,培养优秀人才助力企业发展是我们的追求。我们期望通过提高质量和转型升级培养出真正符合您企业需求的员工。值此建设天津市啤酒酿造工职业培训包的良好契机,我们征询您的一些意见,期望通过我们的共同努力,为贵企业和社会培养更多杰出的技术人才!

1. 贵企业的性质是____________。

A. 国营　　B. 合资　　C. 独资　　D. 民营

2. 贵企业属于____________。

A. 生产性行业　　B. 服务性行业　　C. 综合　　D. 其他(请注明)__________

3. 贵企业的规模是____________。

A. 100 人以下　　B. 100~300 人　　C. 300~500 人　　D. 500 人以上

4. 针对贵企业现有专业技术人才职业资格等级层次结构,请按实际情况填写下列表格。

现有人员层次	初级工及以下	中级工	高级工	技师	高级技师
人数					

5. 针对贵企业现有专业技术人才的年龄结构,请按实际情况填写下列表格。

现有人员层次	20 岁以下	20~30 岁	30~40 岁	40~50 岁	50 岁以上
人数					

6. 针对未来 3 年贵企业的专业技术人才职业资格证书需求,请按实际情况填写下列表格。

需求人员层次	初级工	中级工	高级工	技师	高级技师
人数					

7. 贵企业现有与啤酒酿造有关的岗位有____________。

A. 一线生产　　B. 质检、化验　　C. 品控

D. 储运管理　　E. 食品销售　　F. 工艺技术

G. 体系维护　　H. 安全管理　　I. 安全培训

J. 专业岗位管理　　K. 其他(请注明)____________。

8. 贵企业未来 3 年专业技术岗位需求、学历要求、紧迫性,请按实际情况填写下列表格。

注:岗位无需要则填 0。

学历:中职、高职、本科(应用型)、本科(研究型)、硕士。

紧迫性：一般、较急、紧迫。

岗位名称	需求人数	学历要求	紧迫性
啤酒化验员			
啤酒质检员			
一线操作工			
储运管理员			
工艺、技术员			
体系维护员			
安全管理员			
生产储备干部			
食品销售员			

其他 ______________________________

____

9. 贵单位认为啤酒酿造工在哪些方面需要提高(可多选)：__________。

A. 理论基础　　B. 动手能力　　C. 创新能力

D. 执行能力　　E. 适应能力　　F. 爱岗敬业

G. 学习能力　　H. 合作能力　　I. 交往能力

J. 吃苦耐劳　　K. 其他(请注明)__________

10. 贵企业在招聘专业技术人员时更倾向于选用__________。

A. 男性　　B. 女性　　C. 没有特别要求

11. 贵企业希望与我院进行哪些方面的职业技能培训合作(可多选)__________。

A. 啤酒酿造工艺理论　　B. 啤酒理化及微生物检验理论

C. 食品安全　　D. 食品卫生

E. 职业道德　　F. 其他(请注明)__________

12. 请贵单位选择以下知识对啤酒酿造工的重要性。

课程名称	不重要	一般	较重要	非常重要
职业道德				
啤酒糖化技术				
啤酒发酵技术				
啤酒包装技术				
啤酒检验技术				
食品安全及卫生				
安全生产				

除此之外，您还认为哪些课程重要__________。

13. 请贵单位选择以下能力与素质对啤酒酿造应用技术型本科毕业生的重要性。

素质与能力	不重要	一般	较重要	非常重要
食品理论知识				
生产操作能力				
现场管理能力				
计算机操作能力				
开拓创新能力				
社会交往能力				
语言文字表达能力				
团队合作能力				
执行力				
食品检验工中级				
食品安全体系内审员				
食品安全师				

14. 贵企业认为职业资格培训时间应为________。

A. 一周　　B. 两周　　C. 一个月　　D. 一个月以上

15. 贵企业对啤酒酿造工职业资格培训有哪些宝贵建议？

再次衷心感谢您的合作与支持！

天津现代职业技术学院

2014 年 4 月 23 日

三、企业调研过程记录

以下以华润雪花啤酒(天津)有限公司为例说明企业调研的过程。

华润雪花啤酒(天津)有限公司

1. 调研对象选取

啤酒酿造工职业标准中包括了生产准备、接收物料、设备调整、产品制备、过程控制、安全生产、质量评价等 7 个部分的技能要求，调研组在进行企业调研时也按照相关的工作内容有针对性地选择企业进行深入调研。华润雪花啤酒（天津）有限公司于 1999 年成立，是目前天津最大的啤酒生产企业，拥有世界一流的酿造、包装、监测设备，从而使啤酒生产工艺达到国际先进水平。公司以中国名牌产品“雪花”啤酒和天津著名商标产品“莱格”啤酒为主流产品，天津市场占有率达到 75%。2010 年华润雪花啤酒产量达 15 万吨，实缴纳税金近亿元。本次主要针对华润雪花啤酒（天津）有限公司的啤酒生产和检测进行调研。

2. 调研的行程安排

2014 年 7 月 6 日上午 9：00—11：30，由王立晖带队，刘皓、李达和傅维一行 4 人组成调研小组到企业实地调研。

为了全方位对企业的全部生产过程、质量评价进行调研，小组计划选取生产副总、车间主任、生产班组长、操作工（粉碎糖化工、发酵过滤工、包装工）4 类人群进行调研。

调研小组到生产车间、包装车间、质量控制中心和检测实验室等多个地点采用现场采访和现场参观形式进行调研。

3. 调研的内容和目的

调研小组对于啤酒酿造工的职业标准进行调研，在国家职业标准框架下结合企业的实际需要，扩充新内容和新要求形成提升标准；针对职业指南、培训指南进行调研，结合企业对于员工的各项各类培训，修订职业指南、培训指南，构建完善的啤酒酿造工培训体系，通过培训实现持证人员系统掌握啤酒酿造的相关知识技能，符合企业真实的生产需要，使学员实现零距离上岗。

4. 企业情况综述

企业名称：华润雪花啤酒（天津）有限公司。

企业性质：合资经营。

企业规模：员工 600 人。

华润雪花啤酒（中国）有限公司成立于 1994 年，是一家生产、经营啤酒的全国性的专业啤酒公司，总部设于中国北京。其股东是华润创业有限公司和全球第二大啤酒集团 SABMiller。目前华润雪花啤酒在中国经营约 80 家啤酒厂，旗下含雪花啤酒品牌及 30 多个区域品牌，共占有中国啤酒市场 21% 的份额。2011 年华润雪花啤酒销量达到 1 024 万千升，公司总产销量连续 6 年遥遥领先国内其他啤酒企业。华润雪花啤酒正式员工总数已达 5 万人。

华润雪花啤酒（天津）有限公司拥有数十位国内外啤酒酿造和品控专家，技术能力达到国内一流水平。目前公司拥有“雪花”“丽都”“莱格”“天津”“英士”5 个品牌的系列产品。华润雪花啤酒（天津）有限公司正式员工有 600 多名，其中技术品控部有 33 人。

5. 调研过程综述

调研方式:座谈会、现场参观、现场采访。

调研地点:天津市北辰区双街开发区华润雪花啤酒(天津)有限公司。

调研对象:生产副总高洋、车间主任李金鑫、生产班组长丁辉。

调研记录如下。

高洋副总谈到华润在全部的生产过程中,除了做好设备检测、产品酿造、成品监测外,同时公司还将质量管理延伸到终端服务,不仅在全国各地建立了零售终端检验项目,而且定期开展市场质量跟踪工作。为了保证产品质量,公司采用 IQMS 一体化质量管理系统并积极开展贯标工作。谈到人才培养的时候,常总也说了一些自己的观点,他认为公司欢迎优秀的毕业生进入企业服务,生产车间的操作人员首先需具备啤酒酿造工职业资格证书,同时要了解全部生产过程的相关知识、技能。

车间主任刘群介绍了啤酒的全部生产过程,包括生产准备、接收物料、设备调整、产品制备、过程控制、安全生产、质量评价 7 个部分。公司根据企业的生产实际,结合总部标准和天津区域标准制订了质量检验手册,从原料(麦芽、酶制剂等)制备到成品的全部生产过程,其生产要求和检测项目都高于国家标准。刘群结合实际生产的需要对于啤酒酿造工初级、中级和高级职业标准的技能和知识要求也提出了一些修改建议。

生产班组长丁辉谈到该班组涉及的生产过程包括设备检查、备料、投料、粉碎糖化、发酵过滤、成品包装等过程,操作人员应该掌握全部生产过程的具体操作要求,并且能进行规范操作。

第二节　啤酒酿造工职业标准提升说明

啤酒酿造工培训包职业标准参考《啤酒酿造工国家职业标准》中的相关内容,根据《中华人民共和国劳动法》的有关规定,为建立符合天津食品行业特点的职业标准体系、为职业教育和职业培训提供科学、规范的依据,开发单位通过 10 家企业调研和 3 轮次的专家论证,制定了《啤酒酿造工培训包职业标准》。此培训包职业标准与国家标准的不同主要有以下几点。

(1)《啤酒酿造工国家职业标准》按照岗位工作内容和流程将啤酒酿造工培训分成生产准备、接收物料、设备调整、产品制备、过程控制 5 个模块;在通过与食品专家的座谈交流、充分考虑食品行业和生产企业特点的基础上,项目组创建了安全生产和质量评价 2 个模块,最终确定建立有关啤酒酿造工培训 7 个模块的职业标准。

(2)《啤酒酿造工培训包职业标准》等级划分打破了原有的简单分级方法。本标准依照企业实际的岗位职责，参照新员工、有经验的员工、生产班组长、生产工段长（车间主任）、生产副总的要求确定5个培训级别。项目组通过大量的企业调研，依据企业的实际生产需要和人事管理规定，对啤酒酿造工初级工、中级工、高级工3个等级按照啤酒酿造原理及操作的难度、酿造设备操作的难度进行划分。技师和高级技师按照分析和处理质量事故和疑难问题的能力、完善生产工艺和进行创新的能力、质量安全体系的建设能力和培训低级别工种的能力等进行划分。

（3）《啤酒酿造工培训包职业标准》更加符合企业的实际需求。小组通过专家座谈和企业调研了解到目前企业对啤酒酿造工的需求主要集中在技能全面、操作熟练的啤酒酿造高级工，而对负责啤酒检测的质检员要求一般是有食品专业背景即可，因此在啤酒酿造工培训标准中删除有关检测的培训。

（4）目前国内食品安全形势严峻，百姓对食品行业质疑率较高，在一定程度上这也是由食品从业者的道德缺失所引起的，因此对食品从业者的职业道德教育是非常重要的。国家标准对食品检验工从业人员的职业道德和基础知识的培训要求较为笼统，没有级别区分，特别是在培训标准（要求）中没有明确体现。而职业标准针对此问题，在培训标准中明确提出职业道德培训、食品安全相关知识培训的要求，通过设立独立的培训模块，对学时分配、内容都有了较高的要求，使学员在职业道德和食品安全方面获得良好的培训，以期对食品安全问题的解决起到推动作用。

（5）提升后的标准体现了安全操作、文明操作的相关内容。职业标准创造性地增加了生产安全教育的相关内容，符合当今安全生产、文明操作的要求，特别适用于解决初级工、中级工刚入职时安全生产意识淡薄、容易造成生产安全事故的隐患；同样也适用于提高技师和高级技师的安全生产意识。此模块的内容非常好地弥补了国家标准关于生产安全教育的不足。

（6）通过与天津食品工业协会专家和啤酒生产企业的座谈，《啤酒酿造工培训包职业标准》依据新的国家职业标准、行业标准，参考啤酒行业的发展趋势，删除无须培训的项目16项，增加新培训项目10项，更新技术方法8项，调整培训要求2项。

第三节　啤酒酿造工职业标准提升展示

以啤酒酿造工高级工为例，其标准提升依据汇总见表8-3。

表 8-3　啤酒酿造工(TJB6120402)高级资格(3)-Ⅰ国家职业标准提升依据汇总表

职业功能	工作内容	技能要求	相关知识	保留/删减/增加	依据国企	依据民企	依据其他
1 生产准备	1-1 设备检查	1-1-1 能根据设备、仪表的实际情况确定工作参数 1-1-2 能检查生产准备工作情况	1-1-1 设备的机械结构及原理	保留			
			1-1-2 电气、仪表控制知识	保留			
	1-2 工序准备	1-2-1 能配合技术部门确定在线测试仪的参数 1-2-2 能组织在制品质量协调	1-2-1 在线测试仪的使用知识	保留			
2 接收物料	2-1 备料	2-1-1 能根据原辅材料、在制品的分析结果,判断备料是否合理 2-1-2 能回收处理生产过程的各种废料和残次品	2-1-1 原辅材料、在制品的分析结果与配料的关系	保留			
			2-1-2 啤酒生产废料和残次品的处理知识	保留			
	2-2 投料	2-2-1 能处理投料(开机)操作过程中出现的问题 2-2-2 能操作除尘设备	2-2-1 生产线设备的结构原理	保留			
			2-2-2 除尘器除尘原理	删除			
3 设备调整	3-1 操作	3-1-1 能使用程序控制盘 3-1-2 能在模拟盘上进行生产操作 3-1-3 能根据工艺技术参数对设备进行调整	3-1-1 程序控制盘的使用知识	保留			
			3-1-2 模拟盘流程及操作知识	删除			
			3-1-3 设备技术参数的调整知识	保留			
	3-2 维护保养	3-2-1 能正确分析设备、仪器的故障原因,并能组织排除常见的故障 3-2-2 能配合电工正确领用电气零件,排除一般电气故障	3-2-1 机械基本知识	保留			
			3-2-2 电气基本知识	保留			
			3-2-3 钳工操作基本知识	保留			
4 产品制备	4-1 操作(可根据申报情况任选一种)	粉碎糖化工 4-1-1 能完成不同品种啤酒的麦汁制造操作 4-1-2 能发现和处理麦芽粉碎和糖化生产中的质量问题 4-1-3 能参加工艺技术试验并进行总结	4-1-1 麦汁制备理论知识	保留			
			4-1-2 酶制剂应用知识	保留			
		发酵过滤工 4-1-1 能判断、分析发酵和双乙酰还原过程中出现的问题 4-1-2 能正确控制发酵过程 4-1-3 能制备合格的脱氧水 4-1-4 能设定啤酒稀释比例并进行正确计算 4-1-5 能操作各种过滤机	4-1-1 啤酒发酵和双乙酰还原的基本理论	保留			
			4-1-2 啤酒发酵物质变化知识	保留			
			4-1-3 脱氧水制备的工作原理	保留			
			4-1-4 比例稀释原理	保留			
			4-1-5 过滤机的结构与特性	保留			

续表

职业功能	工作内容	技能要求	相关知识	保留/删减/增加	依据国企	依据民企	依据其他
4 产品制备	4-1 操作（可根据申报情况任选一种）	成品包装工 4-1-1 能判断包装设备的运转状况，排除出现的故障 4-1-2 能发现包装质量问题，并能及时调整解决 续 4-1-3 能根据设备的实际运转情况提出检修意见 4-1-4 能阅读零件图、部件图 4-1-5 能提出技术改进建议，参加设备的试车、验收工作	4-1-1 包装线各机台的技术参数	保留			
			4-1-2 包装线各机台的备件规格、型号知识	保留			
			4-1-3 零件识别知识	保留			
			4-1-4 减速比、公差配合知识	保留			
			4-1-5 机械设备管理基本知识	保留			
		分析检验工 4-1-1 能完成实验室全部常规分析项目的分析检验工作 4-1-2 能完成实验室酵母扩培、菌种保藏工作 4-1-3 能根据分析结果对生产提出改进意见 4-1-4 能完成新分析项目的开发工作 4-1-5 能完成质量分析报告	4-1-1 啤酒生产质量管理基本知识	删除			
			4-1-2 微生物实验操作知识	删除			
	4-2 清洗	4-2-1 能发现 CIP 清洗、杀菌中的问题，并及时改正	4-2-1 酸、碱、杀菌剂、消毒剂的使用防护知识	保留			
5 过程控制	5-1 检验	5-1-1 能对酿造过程进行检查	5-1-1 自检、互检器具的操作方法	保留			
	5-2 记录	5-2-1 能利用记录数据分析生产过程的运行状况	5-2-1 啤酒生产的统计、分析知识	保留			
	5-3 核算	5-3-1 能建立消耗指标核算台账并提出改进意见	5-3-1 消耗指标比较知识	保留			
6 安全生产	6-1 安全生产	6-1-1 能对班组生产安全进行监督检查 6-1-2 能正确指导班组生产节约能源 6-1-3 能正确指导班组进行废物分类	6-1-1 车间生产安全操作规程	增加			
			6-1-2 企业安全管理制度	增加			
			6-1-3 废物处理分类	增加			
			6-1-4 节约使用能源	增加			
7 质量评价	7-1 质量评价	7-1-1 能对在制品的质量进行监督检查	7-1-1 啤酒质量标准	增加			
			7-1-2 食品卫生常识	增加			
			7-1-3 啤酒感官评价知识	增加			

第九章 天津市“职业培训包”标准包开发成果

培训包职业标准是对国家职业标准的提升标准，是适于培训包培训模式的职业标准。本章以钟表及计时仪器制造工高级工为例进行开发成果展示。

第一节　钟表及计时仪器制造工职业标准

一、职业名称

钟表及计时仪器制造工。

二、职业定义

钟表及计时仪器制造工培训包职业标准是对国家职业标准的提升标准，是适于培训包培训模式的职业标准。简单来说，培训包职业标准是在国家职业标准框架下结合天津产业需要，扩充新内容和新要求，包括职业功能、工作内容、技能要求、相关知识等方面内容而形成的提升标准（对国家职业标准有保留、有增项、有减项）。国家职业标准和新开发的培训包职业标准即为“职业培训包”开发的依据。

三、职业等级

本职业共设 5 个等级，分别为初级（国家职业资格 5 级）、中级（国家职业资格 4 级）、高级（国家职业资格 3 级）、技师（国家职业资格 2 级）、高级技师（国家职业资格 1 级）。

四、职业环境

职业环境要求满足以下要求。

（1）技能鉴定实训室有 200 平方米以上的操作场地并配备 40 个实训工位数。

（2）有无影台灯 40 个、综合检测仪器 1 台、万用表 20 只、校表仪 5 台、摆幅仪 2 台、双管显微镜 5 台、自动上弦仪 2 台。

（3）有钟表常用工具和培训用钟表及零部件。

（4）实训室内人均面积应保证学员安全性、舒适度，照明条件完备，环境温度为 23±3 ℃，相对湿度为 40%~60%。

五、职业能力特征

本职业要求专业人员视力良好，手指、手臂灵活。

六、基本文化程度

本职业要求专业人员为初中毕业及以上学历。

七、职业标准

钟表及计时仪器制造工职业标准（高级工）见表 9-1。

表 9-1　钟表及计时仪器制造工职业标准（高级工）

<table>
<tr><th colspan="4">钟表及计时仪器制造工职业标准（高级工）培训包职业标准</th></tr>
<tr><th>职业功能</th><th>工作内容</th><th>技能要求</th><th>相关知识</th></tr>
<tr><td rowspan="9">1. 机械手表装配</td><td rowspan="5">1-1 装配机芯</td><td>1-1-1 掌握摆轮游丝机构的知识，能通过调整快慢针、内外夹间隙、游丝外端的内外夹中“荡框”、摆轮偏重部件、游丝内圈偏心部件等，使手表达到工艺所规定的瞬时日差、位差及等时差的技术要求</td><td>1-1-1 影响手表走时快慢、等时差、位差的各种因素及调整方法</td></tr>
<tr><td>1-1-2 会使用校表仪、摆幅仪，可根据仪表测试结果判断出手表走时缺陷，并调整排除</td><td>1-1-2 校表仪、摆幅仪的工作原理，仪器使用及维护的知识</td></tr>
<tr><td>1-1-3 掌握偏心的方法，能调整游丝内圈偏心部件</td><td>1-1-3 游丝内圈偏心部件的调整方法与要求</td></tr>
<tr><td>1-1-4 掌握动平衡的调整方法，能根据校表条确定摆轮动平衡的调整位置</td><td>1-1-4 手表立面位差与摆轮平衡的关系及动平衡方法</td></tr>
<tr><td>1-1-5 掌握带年历、月历、周历、多时区等多针手表机芯附加机构，能进行装配</td><td>1-1-5 多针附加机构显示及传动关系、装配方法与要求</td></tr>
<tr><td>1-2 装配成品表</td><td>1-2-1 掌握装配具有多针机构的机械手表外观的知识，能准确装配多针手表</td><td>1-2-1 多针机构各种运转协调性的技术要求和装配表针的方法</td></tr>
<tr><td rowspan="3">1-3 检测产品</td><td>1-3-1 掌握检测多针手表成品的瞬时日差、位差及等时差的知识，可以检测多针手表</td><td>1-3-1 手表位差、等时性的工艺要求与检测计算方法</td></tr>
<tr><td>1-3-2 掌握检测多针手表附加机构协调性的方法，能对机芯进行检测</td><td>1-3-2 手表多针机构工作协调性的技术要求</td></tr>
<tr><td>1-3-3 掌握检测陀飞轮手表的装配质量的方法，能进行检测</td><td>1-3-3 陀飞轮手表的走时标准</td></tr>
</table>

续表

钟表及计时仪器制造工职业标准(高级工)培训包职业标准			
职业功能	工作内容	技能要求	相关知识
2.机械钟表装配	2-1 装配机芯	2-1-1 掌握安装和调整机械闹钟擒纵机构的知识,能装配零件	2-1-1 销钉式擒纵调速器的工作过程及特点
		2-1-2 掌握安装和调整机械闹钟的摆轮游丝系统的知识,并能装配	2-1-2 机械闹钟摆轮游丝系统的知识
		2-1-3 能安装和调整机械摆钟报时机构	2-1-3 摆钟报时机构的组成及各部分功能
		2-1-4 能组装八音簧摆钟的走时、报时、奏乐传动轮系	2-1-4 八音簧摆钟的走时、报时、奏乐传动轮系组装系统
	2-2 装配成品表	2-2-1 能组装机械闹钟成品表	2-2-1 机械钟表外观件组装知识
	2-3 检测产品	2-3-1 能对机械闹钟的延续走时,快慢针调整范围,温度特征,镀层、涂层、金属仿金件的耐腐蚀性能和结合强度,塑料仿金件的结合强度和涂膜硬度等进行检测	2-3-1 高温试验箱的使用和保养知识
		2-3-2 能对机械摆钟的温度特性,镀层、涂层的结合强度和耐腐蚀性能等进行检测	2-3-2 低温试验箱的使用和保养,机械闹钟延续走时,快慢针调整范围,温度特征,镀层、涂层、金属仿金件的耐腐蚀性能和结合强度,塑料仿金件的结合强度和涂膜硬度等相关性能指标的检测方法和要求
		2-3-3 能判断机械时钟故障的原因并进行排除	2-3-3 机械摆钟的温度特性,镀层、涂层的结合强度和耐腐蚀性能等相关性能指标的检测方法和要求,机械时钟故障的判断和排除方法
3.太阳能手表装配	3-1 装配机芯	3-1-1 能装配太阳能电池	3-1-1 太阳能电池机芯的装配方法和技术要求
		3-1-2 能装配人动能发电机构	3-1-2 人动能发电机构的装配方法和技术要求
		3-1-3 能装配人动能机芯传动轮系	3-1-3 人动能机芯传动轮系的装配方法和技术要求
		3-1-4 能装配人动能机芯能量转换机构	3-1-4 人动能机芯能量转换机构的装配方法和技术要求
	3-2 装配成品表	3-2-2 能装配多针及多功能石英手表	3-2-1 多针和多功能石英手表的装配方法和技术要求
	3-3 检测产品	3-3-1 能使用仪器检测石英手表的防磁性能	3-3-1 防磁检测仪的使用和维护方法
		3-3-2 能使用仪器检测石英手表的防震性能	3-3-2 防震检测仪的使用和维护方法
		3-3-3 能对成品表进行其他性能检测	3-3-3 石英表相关性能的检测方法

续表

钟表及计时仪器制造工职业标准（高级工）培训包职业标准			
职业功能	工作内容	技能要求	相关知识
基本要求			
职业道德	（1）遵纪守法，敬业爱岗；遵守行业规定，不弄虚作假。 （2）工作认真负责，自觉履行职责。 （3）文明礼貌，热情待客，全心全意为消费者服务。 （4）刻苦学习，勤奋钻研，不断提高自身素质。 （5）谦虚谨慎，团结协作，主动配合。 （6）遵守操作规程，爱护仪器设备		
基础知识	1. 机械传动基础 （1）机械传动原理。 （2）各种传动部件。 2. 电磁基础知识 （1）电的基本知识。 （2）电路基本知识。 （3）磁的基础知识。 （4）电与磁的转换知识。 （5）半导体元件知识。 （6）脉冲数字电路知识。 （7）常用电磁测试仪器知识 3. 钟表基础知识 （1）机械钟表的工作原理与结构。 （2）石英电子钟表的工作原理与结构 4. 相关法律、法规知识 （1）消费者权益保护法的相关知识。 （2）劳动法的相关知识		

第二节　钟表及计时仪器制造工培训标准

一、定义

培训标准是培训机构组织实施技能培训的纲领性文本，是衡量评价培训对象的知识、技能、素质水准的依据。培训标准所设定的培训内容源于且高于培训包职业标准。培训标准开发就是要依据国家职业标准和培训包职业标准所确定的职业功能、工作内容、技能要求及相关知识，开发与培训内容相关的标准性文本，将培训标准与从业人员的职业知识、职业技能、职业道德 3 个方面的培训目标建立一一相对应的关系，对职业培训适用范围提出严格要求，以保证职业培训内容与国家职业标准、国家职业资格认证紧密对接。

二、培训标准

钟表及计时仪器制造工的能力单元要素和实作指标细目（高级工）见表 9-2，能力单元要素和实作指标适用范围汇总（高级工）见表 9-3。

表 9-2　能力单元要素和实作指标细目（高级工）

<table>
<tr><td colspan="4">钟表及计时仪器制造工（TJB6260102）职业高级资格（3）- Ⅰ培训标准—能力单元要素、实作指标细目</td></tr>
<tr><td>职业功能（模块）</td><td>工作内容（能力单元）</td><td>能力单元要素
（阐述能力单元的基本学习目标，包括职业知识、职业技能、职业道德）</td><td>实作指标
（确定能力要素的技术水平）</td></tr>
<tr><td rowspan="5">1.
机械手表装配</td><td rowspan="3">1-1 装配机芯</td><td>1-1-1 掌握机械手表摆轮游丝机构的装配知识，能通过调整快慢针、内外夹间隙、游丝外端的内外夹中“荡框”、摆轮偏重部件、游丝内圈偏心部件等，使手表达到工艺所规定的瞬时日差、位差及等时差的技术要求</td><td>1-1-1 装配摆轮游丝机构，使摆轮能正常工作，摆轮端面跳动不大于 0.02 mm；保险圆盘径向跳动不大于 0.01 mm，圆盘钉垂直度不大于 0.01 mm</td></tr>
<tr><td>1-1-2 掌握校表仪、摆幅仪的使用方法，能根据仪表测试结果判断出手表的走时缺陷，并调整排除故障</td><td>1-1-2 用校表仪、摆幅仪判断走时快慢，调整快慢针。检查从最容易查看的问题到不易查看的问题，若疑点都在内部，则从可疑性最大的部位开始检查，直到找出故障所在。故障是由一种原因或多种原因造成的，要作具体分析</td></tr>
<tr><td>1-1-3 掌握附加机构的装配知识，能装配带年历、月历、周历、多时区等多针手表机芯的附加机构</td><td>1-1-3 装配多针附加机构显示及传动机构，使传动灵活，在整个日历机构的安装过程中，不得影响基础机芯的装配质量及走时精度</td></tr>
<tr><td>1-2 装配成品表</td><td>1-2-1 掌握多针手表的装配方法，能装配具有多针机构的机械手表</td><td>1-2-1 装配多针机构</td></tr>
<tr><td>1-3 检测产品</td><td>1-3-1 掌握检测多针手表成品的瞬时日差、位差及等时差等走时精度的方法，能进行检测</td><td>1-3-1 检测手表位差、等时性，使机芯走时正常</td></tr>
<tr><td rowspan="3">2.
机械钟装配</td><td>2-1 装配机芯</td><td>2-1-1 掌握机械摆钟的装配知识，能组装八音簧摆钟的走时、报时、奏乐传动轮系</td><td>2-1-1 装配摆钟报时机构，整点时先奏音乐，后打点报时，使报时机构完成报时</td></tr>
<tr><td>2-2 装配成品表</td><td>2-2-1 掌握机械闹钟外观件的装配方法，能组装外观件</td><td>2-2-1 对表壳、表盘、表针的外观件进行组装，手表外观应完整无损。机芯在周转及安装过程中需轻拿轻放。机芯在出厂时已经过严格调试，对各零部件不得随意调整或拆卸</td></tr>
<tr><td>2-3 检测产品</td><td>2-3-1 掌握判断机械时钟故障的方法，并能进行排除</td><td>2-3-1 能对机械时钟故障进行判断和做排除试验，闹钟上紧走发条后预运走 2 h，再重新上紧走发条，与标准钟比对时间</td></tr>
</table>

续表

<table>
<tr><td rowspan="4">3.
太阳能手表装配</td><td>3-1 装配机芯</td><td>3-1-1 掌握装配人动能机芯传动轮系的方法，能进行组装</td><td>3-1-1 组装人动能电能发电机构，装配顺序应无误</td></tr>
<tr><td>3-2 装配成品表</td><td>3-2-1 掌握多针及多功能石英手表的装配方法，能进行外观件的装配</td><td>3-2-1 装配多针和多功能表，外观应美观</td></tr>
<tr><td rowspan="2">3-3 检测产品</td><td>3-3-1 掌握手表的三防性能，能使用仪器检测石英手表的防磁性能和防震性能</td><td>3-3-1 会使用防磁检测仪、防震检测仪对手表进行三防检测</td></tr>
<tr><td>3-3-2 掌握成品表走时性能，能进行其他性能检测</td><td>3-3-2 对智能表相关性能进行检测</td></tr>
<tr><td>水平综述</td><td colspan="3">能正确使用工具、仪器对机械手表摆轮动平衡系统进行调整，并能进行走时快慢针的调整、安装和调整机械闹钟的摆轮游丝系统；能进行复杂机构，太阳能和人动能、电能等电子手表的装配</td></tr>
<tr><td>职业道德</td><td colspan="3">（1）遵纪守法，爱岗敬业，遵守行业规定，不弄虚作假；（2）工作认真负责，自觉履行职责；（3）文明礼貌，热情待客，全心全意为消费者服务；（4）刻苦学习，勤奋钻研，不断提高自身素质；（5）谦虚谨慎，团结协作，主动配合；（6）遵守操作规程，爱护仪器设备</td></tr>
<tr><td colspan="3">学习水平（培训对象获得学习成果）</td><td>能力水平（培训对象展示能力）</td></tr>
<tr><td colspan="3">（1）机械手表摆轮动平衡系统的调整及走时快慢针的调整；
（2）安装和调整机械闹钟的摆轮游丝系统；
（3）复杂机构，太阳能和人动能、电能等电子手表的装配</td><td>（1）熟练掌握机械手表摆轮动平衡系统的调整；
（2）掌握机械闹钟摆轮游丝系统的安装和调整；
（3）掌握复杂机构电子手表的装配方法</td></tr>
<tr><td>备注</td><td colspan="3"></td></tr>
</table>

表 9-3　能力单元要素和实作指标适用范围汇总（高级工）

<table>
<tr><td colspan="6">钟表及计时仪器制造工（TJB6260102）职业高级资格（3）-I 培训标准—能力单元要素和实作指标适用范围汇总</td></tr>
<tr><td>职业功能（模块）</td><td>工作内容（能力单元）</td><td colspan="4">适用范围</td></tr>
<tr><td></td><td></td><td>实作对象</td><td>工作标准</td><td>工具材料</td><td>场所环境</td></tr>
<tr><td rowspan="5">1.
机械手表装配</td><td rowspan="3">1-1 装配机芯</td><td rowspan="5">ST25 机芯、投影仪、工作台、镊子、改锥、表架、外观件、压针器、校表仪、摆幅仪</td><td>1-1-1 装配摆轮游丝机构</td><td rowspan="5">仪表架、镊子、改锥、气球、油笔、表针冲子、寸镜、校表仪、双管显微镜、自动上弦器</td><td rowspan="5">恒温 20~22 ℃、恒湿、无尘；有良好的照明和通风条件，人均面积应保证安全性、舒适度，有照明无影灯</td></tr>
<tr><td>1-1-2 用校表仪、摆幅仪进行测试</td></tr>
<tr><td>1-1-3 装配多针附加机构及传动机构</td></tr>
<tr><td>1-2 装配成品表</td><td>1-2-1 懂得如何装配成品表</td></tr>
<tr><td>1-3 检测产品</td><td>1-3-1 了解手表位差、等时性在校表仪上的检测方法</td></tr>
</table>

续表

钟表及计时仪器制造工（TJB6260102）职业高级资格（3）-I 培训标准—能力单元要素和实作指标适用范围汇总					
职业功能（模块）	工作内容（能力单元）	适用范围			
		实作对象	工作标准	工具材料	场所环境
2. 机械钟装配	2-1 装配机芯	投影仪、工作台、镊子、改锥、表架、八音簧摆钟、外观件	2-1-1 了解摆钟表报时机构的组装方法	仪表架、镊子、改锥、气球、油笔、表针冲子、寸镜、校表仪、双管显微镜、自动上弦器	恒温 20~22 ℃、恒湿、无尘；有良好的照明和通风条件，人均面积应保证安全性、舒适度，有照明无影灯
	2-2 装配成品表		2-2-1 了解装配八音簧摆钟外观件的方法		
	2-3 检测产品		2-2-1 可通过走时判断机械时钟的故障		
3. 太阳能手表装配	3-1 装配机芯	投影仪、工作台、镊子、改锥、表架、太阳能手表机芯、外观件	3-1-1 了解装配人动能、电能发电机构	仪表架、镊子、改锥、气球、油笔、表针冲子、寸镜、校表仪、双管显微镜、防磁检测仪、防震检测仪	恒温 20~22 ℃、恒湿、无尘；有良好的照明和通风条件，人均面积应保证安全性、舒适度，有照明无影灯
	3-2 装配成品表		3-2-1 了解装配多针和多功能石英手表外观件的方法		
	3-3 检测产品		3-3-1 懂得三防性能检测		
			3-3-2 了解用石英表校表仪对石英表性能进行检测的方法		

第三节　钟表及计时仪器制造工的考核标准

一、定义

考核标准是客观、公正、公平、实事求是地评价学员的培训成果，客观衡量培训学员的知识、技能、素质水准的评价规则，也是实施职业技能鉴定考核的依据。考核标准包括考核项目、考核内容、考核比重、考核评分、考核时间、鉴定指南等，与国家职业技能认证考核（职业技能鉴定考核）相统一。

二、考核标准

钟表及计时仪器制造工（高级工）的考核标准见表 9-4~ 表 9-6。

表 9-4　钟表及计时仪器制造工(高级工)考核要点细目

理论知识(基础知识、相关知识)	
考核内容	知识点
1. 机械手表装配	(1)影响手表走时快慢、等时差、位差的各种因素及调整方法; (2)校表仪、摆幅仪的工作原理、仪器使用及维护的知识; (3)游丝内圈偏心部件的调整方法与要求; (4)手表立面位差与摆轮平衡的关系及动平衡方法; (5)多针附加机构显示及传动关系、装配方法与要求; (5)陀飞轮的结构原理; (7)多针机构中各种显示协调性的技术要求和装配表针的方法; (8)手表位差、等时性的工艺要求与检测计算方法
2. 机械钟表装配	(1)摆钟报时机构的组成及各部分功能; (2)机械时钟故障的判断和排除方法
3. 太阳能手表装配	(1)人动能、电能发电机构的装配方法和技术要求; (2)多针和多功能石英手表的装配方法和技术要求; (3)防磁检测仪的使用和维护方法; (4)防震检测仪的使用和维护方法; (5)石英表相关性能的检测方法
操作技能	
考核内容	技能要点
1. 机械手表装配	(1)能通过调整快慢针、内外夹间隙、游丝外端的内外夹中"荡框"、摆轮偏重部件、游丝内圈偏心部件等,使手表达到工艺要求所规定的瞬时日差、位差及等时差的技术要求; (2)能使用校表仪、摆幅仪,根据仪表测试结果判断出手表走时缺陷,并调整排除; (3)能装配带年历、月历、周历、多时区等多针手表机芯的附加机构; (4)能装配陀飞轮手表机芯; (5)能装配具有多针机构的机械手表; (6)能检测多针手表成品的瞬时日差、位差及等时差等走时精度; (7)能检测陀飞轮手表的装配质量
2. 机械钟表装配	(1)能组装八音簧摆钟的走时、报时、奏乐传动轮系; (2)能判断机械时钟故障的原因并进行排除
3. 太阳能手表装配	(1)能装配人动能机芯传动轮系; (2)能装配多针及多功能石英手表; (3)能使用仪器检测石英手表的防磁性能; (4)能使用仪器检测石英手表的防震性能; (5)能对成品表进行其他性能检测

表 9-5 钟表及计时仪器制造工(高级工)考核比重表(理论)

<table>
<tr><td colspan="3">钟表及计时仪器制造工(TJB 6260102)职业高级资格(3)- Ⅰ
考核比重表(理论)</td></tr>
<tr><td colspan="3">项目</td><td>比重 /%</td></tr>
<tr><td rowspan="2">基本要求</td><td colspan="2">职业道德</td><td>5</td></tr>
<tr><td colspan="2">基础知识</td><td>10</td></tr>
<tr><td rowspan="9">相关知识</td><td rowspan="3">1. 机械手表装配</td><td>1-1 装配机芯</td><td>10</td></tr>
<tr><td>1-2 装配成品表</td><td>10</td></tr>
<tr><td>1-3 检测产品</td><td>10</td></tr>
<tr><td rowspan="3">2. 机械钟表装配</td><td>2-1 装配机芯</td><td>10</td></tr>
<tr><td>2-2 装配成品钟</td><td>10</td></tr>
<tr><td>2-3 检测产品</td><td>10</td></tr>
<tr><td rowspan="3">3. 太阳能手表装配</td><td>3-1 装配机芯</td><td>5</td></tr>
<tr><td>3-2 装配成品表</td><td>5</td></tr>
<tr><td>3-3 检测产品</td><td>5</td></tr>
<tr><td colspan="3">合计</td><td>100</td></tr>
</table>

表 9-6 钟表及计时仪器制造工(高级工)考核比重表(技能)

<table>
<tr><td colspan="4">钟表及计时仪器制造工(TJB 6260102)职业高级资格(3)- Ⅰ
考核比重表(操作技能)</td></tr>
<tr><td colspan="3">项目</td><td>比重 /%</td></tr>
<tr><td rowspan="2">基本要求</td><td colspan="2">职业道德</td><td>5</td></tr>
<tr><td colspan="2">基础知识</td><td>10</td></tr>
<tr><td rowspan="9">相关知识</td><td rowspan="3">1. 机械手表装配</td><td>1-1 装配机芯</td><td>10</td></tr>
<tr><td>1-2 装配成品表</td><td>10</td></tr>
<tr><td>1-3 检测产品</td><td>10</td></tr>
<tr><td rowspan="3">2. 机械钟表装配</td><td>2-1 装配机芯</td><td>10</td></tr>
<tr><td>2-2 装配成品钟</td><td>10</td></tr>
<tr><td>2-3 检测产品</td><td>10</td></tr>
<tr><td rowspan="3">3. 太阳能手表装配</td><td>3-1 装配机芯</td><td>5</td></tr>
<tr><td>3-2 装配成品表</td><td>5</td></tr>
<tr><td>3-3 检测产品</td><td>5</td></tr>
<tr><td colspan="3">合计</td><td>100</td></tr>
</table>

三、考核鉴定方案设计

（一）理论知识考试

职业技能鉴定站负责召开考务协调会，对考务工作进行具体的安排布置，及时协调各方面的工作。

1. 考前准备工作

（1）考务人员根据鉴定工种、人数、等级等情况准备试卷，并按考场安排分袋封装。由主考指定两名以上考务人员共同保管试卷。试卷一旦失密，应立即向上级主管部门报告，采取相应的补救措施。

（2）考务人员做好监考人员安排表和考场分布表，准备好考试用品（装订用具、胸牌、考场号码、胶水等），做好张贴宣传标语等宣传工作。

（3）落实考务人员，安排好后勤保障和治安保卫工作。

（4）考试前一天召开考务人员、工作人员和监考人员培训会议（考前准备会），布置安排本次鉴定的工作，让相关人员学习考场规则、监考职责监考人员守则等有关规定和要求。会后，向监考人员发放《考场规则》《监考职责》《监考人员守则》《应试人员违纪处罚暂行规定》等文本和监考用品。监考人员分组布置、整理考场，考务人员布置整理考务办公室。

（5）主考组织有关人员对考场进行全面检查，发现问题及时纠正。

2. 实施考试

（1）考务人员提前 40 min 到达考务办公室，对考试安排情况做最后的检查。

（2）召开考前会。全体考务人员提前 30 min 到达考务办公室，由主考主持召开考前会，再次强调考风、考纪和注意事项；宣布各考场监考人员的分工，分发试卷、准考证存根、监考胸牌、考场记录和草稿纸等。

（3）入场考试。监考人员到达考场，安排应试人员验证入场，宣读考场规则和注意事项，分发试卷。考试过程中，对考生违反考场纪律的情况，应如实填入《考场记录》，对严重违反考场纪律的考生，应及时报告给巡视人员或主考。

（4）考试结束后，监考人员立即清点核对试卷总数，直接带回考务办公室，交巡视员验收合格后，按规定装订、密封试卷。主考在规定时间内派专人将试卷护送交给有关人员。《考场记录》《巡视员记录》座次表、花名册以及《考试情况报告单》等，一并交考务办公室。

（5）考务人员编制鉴定情况报表，送发有关部门。

3. 阅卷录分

（1）考务办公室组织人员按照《评分守则》批阅试卷。

（2）阅卷结束后，阅卷负责人应及时移交理论知识考卷并办理交接手续。试卷由专人负责拆封、登录分数，并根据《考场记录》及《巡视员记录》，对违纪人员进行扣分处理，然后将成绩录入计算机。

（3）录入成绩的软盘加盖“秘密”印章后，由专人保管。

（4）理论知识的阅卷工作、成绩公布应于考试结束后 15 天内完成。

（二）实际操作考核

1. 考前准备工作

（1）根据鉴定工种、人数、等级，由鉴定站提前 15 天向考核准备部门下达设备、材料、工具准备通知单。

（2）提前 2 天检查、落实鉴定设备、材料、仪器、工具等的准备工作。

（3）提前 3 天抽调安排好考评人员，并提前 1 天组织考评人员熟悉本次考核的标准、试题内容、评分标准等，必要时进行试做。

2. 实施考核

（1）考务人员提前 40 min 到达考务办公室，对考核安排情况做最后的检查。

（2）实际操作考核前 30 min，由主考主持召开考前会，检查考评人员、工作人员劳保用品的穿戴和胸卡的佩戴情况，宣读《考评人员职责》和《考评人员守则》，同时宣布考评人员分组名单、鉴定项目及有关注意事项。

（3）实际操作考核前 30 min，由副主考召集应试人员开考前会，清点实到应试人员的人数，宣读《实际操作考场规则》及其他注意事项，并进行考前安全教育，主持应试人员抽号，确定实际操作考核的先后顺序。

（4）实际操作考核前 15 min，应试人员凭准考证、身份证进入考场指定的工作位置，考评人员核对准考证、身份证，然后由应试人员抽签确定应试的项目或由考评人员分发试件，考评人员开始计时考评。

（5）实际操作考核实行集中评分和现场评分两种形式。实行集中评分的工种，工作人员在考核结束后，将试件密封、妥善包装，护送到指定地点，由考评人员按标准评分。实行现场评分的工种，考评人员在考核开始时，即进入考场，并做好现场评分记录，按评判标准评判，独立评分。考核结束，由统计人员汇总各项成绩。

（6）实际操作考核结束后，考务人员及时将当日的《鉴定情况报告单》交考务办公室。监考将考生的考核成绩填入《职业技能鉴定个人成绩表》。考务办公室在实际操作考核结束 15 天内，将《职业技能鉴定个人成绩表》汇总，经审查后，填入《职业技能鉴定花名册》，将成绩录入计算机。

（7）录入成绩的软盘加盖“秘密”印章后，由专人保管。

3. 成绩发布

鉴定站在鉴定结束 20 日内，将鉴定成绩报有关部门审核确认后，按规定程序发布。

4. 核发证书

根据劳动鉴定部门的统一安排，在鉴定结束后 1 个月内，按规定办理、颁发职业资格证书。

四、鉴定规范标准

1. 适用对象

本标准适用总是从事或准备从事本职业的人员。

2. 申报条件

——高级资格的申报条件（具备以下条件之一者）

（1）取得本职业中级职业资格证书后，连续从事本职业工作 3 年以上，经本职业高级正规培训达到规定标准学时数，并取得结业证书。

（2）取得本职业中级职业资格证书后，连续从事本职业工作 5 年以上。

（3）取得高级技工学校或经劳动保障行政部门审批认定的，以高级技能为培训目标的高等职业学校本职业（专业）毕业证书。

3. 鉴定方式

鉴定方式分为理论知识考试和技能操作考核。理论知识考试采用闭卷笔试方式，技能操作考核采用现场实际操作方式。理论知识考试和技能操作考核均实行百分制，成绩都达 60 分及以上者为合格。

4. 考评人员与考生配比

理论知识考试中考评人员与考生配比为 1∶15，每个标准教室不少于 2 名考评人员；技能操作考核考评员与考生配比为 1∶5，且不少 3 名考评员；综合评审委员不少于 5 人。

5. 鉴定时间

理论知识考试时间各等级均为 120 min；对于技能操作考核时间，初级、中级、高级为 90 min，技师为 120 min；综合评审时间不少于 30 min。

6. 鉴定场所设备

理论知识考试场所为标准教室；技能操作考核场所为钟表装配车间或相应的实习操作场所，并具有必备的仪器及工具。

第四节 钟表及计时仪器制造工师资配备标准

一、定义

为保证培训质量和效果，培训包职业标准对钟表及计时仪器制造工培训教师提出严格的标准要求，包括任职基本条件、职业素质和能力水平要求等。

二、师资配备标准

1. 任职教师的基本条件

任职教师需具有本科及以上学历；连续从事本职业工作3年以上；具有本职业技师以上职业资格或具有本专业高级以上专业技术职务任职资格；获得“培训包”师资培训证等。

2. 任职教师的职业素质和能力水平要求

1）任职教师的职业素质

任职教师应具有较高的政治思想觉悟和良好的思想道德品质，为人师表，爱岗敬业，恪尽职守，热情奉献，团结协作；有良好的沟通、交流能力和掌握力，能用个人的积极情绪和正面能量影响学生、引导学生。

2）任职教师的能力水平要求

任职教师应熟练掌握高级工理论知识和技能操作的要求；能对高级工进行机芯装配、外观件装配及检验的培训指导；可熟练操作相关仪器设备和工具。

3. 教师的数量配备

以培训班为单位，对不同等级培训，班级规模可按照10人/班、20人/班、40人/班定制，教师配备为2~4人/班。

4. 教师的选聘方案

1）选聘原则

（1）坚持公开、平等、竞争、择优的原则。

（2）坚持严格标准、按岗选聘的原则。

2）选聘条件

（1）具有中华人民共和国国籍，年龄为30~65周岁。

（2）热爱教育事业，能够履行《中华人民共和国教师法》规定的义务，遵守教师职业道德，有敬业奉献和改革创新的精神。

（3）身体健康，无传染性疾病和精神病史，能胜任教育教学工作。

（4）须取得相关专业教师资格证书；需具备普通高校全日制本科及以上学历；应

取得相关专业技能等级高级以上证书。

（5）所学专业或教师资格证专业与应聘岗位专业一致或相近。

第五节　钟表及计时仪器制造工培训场所标准

一、定义

培训场所标准是指满足培训包培训模式要求的培训与考核场所要求、职场环境要求及设施设备条件。

二、培训场所标准

钟表及计时仪器制造工培训场所设施设置标准（高级工）见表 9-6。培训场所设备配备清单见表 9-7。

表 9-6　高级工培训场所设施设置标准

钟表及计时仪器制造工（TJB6260102）高级资格（3）- I 场所设施标准	
理论场所设施（单班培训设置标准） 按照国家标准教室设置	
场地条件	40 座以上满足理论教学要求的标准教室（配超短焦触摸式电子讲台）和 40 座以上标准计算机房
设备条件	擒纵机构投影仪 1 台、体式双管显微镜 6 台、校表仪 40 台、摆幅仪 20 台、无影台灯 40 个、综合检测仪器 1 台、万用表 40 只
安全条件	照明、通风条件好，出入畅通，环境安静
实操场所设施（按单班培训设置标准）	
场地条件	钟表维修实训室有 200 m² 以上的操作场地，配备 40 个实训工位
设备条件	（1）实训设备：无影台灯 40 个、综合检测仪器 1 台、万用表 40 只、校表仪 40 台、摆幅仪 20 台、双管显微镜 20 台、自动上弦仪 2 台； （2）钟表常用工具和培训用钟表及零部件
安全条件	人均面积应保证安全性、舒适度，照明条件完备。根据实训项目要求场地应具备水、电、通风条件，确保安全操作
劳动保护设施	白大褂、工作帽、拖鞋

表 9-7　高级工培训场所设备配备标准（清单）

职业功能	工作内容	实训项目	设备配备			
			名称	型号规格	数量（个、台、套）	工具材料
1. 机械手表装配	1-1 装配机芯	实训项目一 装配 ST25 机芯	投影仪	投影仪 AT20	15 台	镊子、表起子、表架
	1-2 装配成品表	实训项目二　装配 ST9025 机械男表	自动上弦仪	自动上弦仪 ZDSX1	5 台	
	1-3 检测产品	实训项目三　检测 ST25 机芯	电子校表仪	电子校表仪 MTG—1000	30 台	
2. 机械钟表装配	2-1 装配机芯	实训项目四　组装八音簧摆钟	投影仪 自动上弦仪	投影仪 AT20， 自动上弦仪 ZDSX1	15 台 4 台	镊子、表起子、表架
	2-3 装配成品表	实训项目五　装配金鸡闹钟				
	2-4 检测产品	实训项目六　检测金鸡闹钟				
3. 太阳能手表装配	3-1 装配机芯	实训项目七　装配太阳能手表机芯	电子表校表仪	电子表校表仪 SY9001	20 台	镊子、表起子、表架
……						

三、职场环境标准

钟（手）表装配与检测一体化教学实训室需 120 m² 以上的标准教室，教室分为工作区、更衣换鞋区、老师讲台区，见图 9-1。教室内有台位 40 个，每 10 个台位成对相对摆放，共 4 组，台位之间无间距，每组间距 1 米，每个台位上摆放表架、镊子、改锥、气球、寸镜等。墙上有钟（手）表装配与检测一体化教学实训室管理制度，具体内容如下。

（1）凡进入实训室的人员要遵守管理老师的规定，必须穿装配工作服、戴工作帽（头发必须盖在工作帽之内）、换拖鞋或穿鞋套。

（2）不得将私人物品（手提袋、零食、饮料及矿泉水）带入实训室，保持安静，不得嬉闹或从事其他与实训课无关的事情。

（3）随时保持工作台清洁，手套、指套、废弃物勿随手丢放和带出实训室，应置入垃圾桶内。自觉维护实训室环境卫生，严禁随地吐痰、丢垃圾，下课后还原设备、清理台面、摆好座椅、关闭台灯电源。

（4）将实训工具摆放整齐，下课后收回机芯，仪器使用后关闭电源放回指定地点。爱护室内设备、设施，严禁擅自摆弄仪器设备。

（5）每学期实训课学生座位固定后不能私自调换，工具发放后要正确使用和维护，不能不正确使用。

若违反以上规定，将根据情节轻重处以警告、书面检查、罚款等处分，并报相关部门处理。

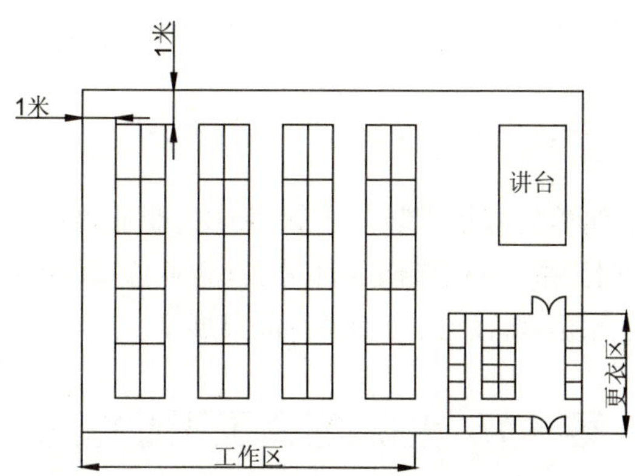

图 9-1 钟（手）表装配与检测一体化教学实训室

第十章 天津市职业培训包指南包开发成果

指南包是供给培训学员和培训教师了解、使用“职业培训包”的服务性文本，主要包括职业指南、培训指南、考核指南 3 部分，有企业版、学员版、机构版 3 个版本。本章以白酒酿造工机构版（高级工）为例进行成果展示。

第一节 白酒酿造工职业指南

一、职业介绍

1. 定义

白酒酿造工是以粮食或代用料为原料，以大曲、小曲、麸曲和酶制剂、酵母制剂为糖化、发酵剂，采用固态或液态发酵工艺，蒸馏、勾调、陈化酿制白酒的人员。

2. 工作职位（岗位）

白酒酿造工可从事的主要岗位见表 10-1。

表 10-1 白酒酿造工可从事岗位

企业类型	岗位
白酒生产型企业	制曲工、糖化工、发酵（酿造）工、勾兑工、工艺技术员、质检员
白酒销售型企业	销售员、质检员

3. 工作任务

（1）负责培菌制曲、配料、蒸煮、糖化发酵、蒸馏、储存入库、勾调、过滤等操作，确保上下游工作顺利进行；

（2）负责监督所在岗位产品的质量，若出现质量问题及时上报和解决；

（3）负责设备的日常检查、点检润滑，确保设备运行正常。设备出现故障时及时修复，若无法处理则联系维修员并配合其工作；

（4）确保生产现场整洁，保证安全生产。

4. 工作内容

白酒酿造工从事的工作主要包括培菌制曲、白酒发酵、白酒勾调等。

5. 工作场所

本职业主要的工作场所为生产原料及配料储存仓库、制曲车间、酿造车间、勾调车间、成品仓库、流通渠道及销售终端等。

6. 专业技术背景

(1)相关岗位工作经历。白酒酿造工初级、中级职业资格对工作经历无要求,白酒酿造工高级工以上要求至少有 2 年白酒酿造的相关工作经验。

(2)基本文化程度。白酒酿造工初级至高级职业资格需高中及以上毕业或同等学力,白酒酿造工技师和高级技师需大学本科及以上毕业或同等学力。

7. 基本职业素质

1)职业能力特征

员工应有较强的理解、判断和计算能力,无色盲、色弱,并有一定的空间感、形体感。

2)基本职业道德

(1)遵守国家法律、法规和企业的各项规章制度。

(2)认真负责,严于律己,不骄不躁,吃苦耐劳,勇于开拓。

(3)努力学习,不断提高自身素质,有创新精神。

(4)爱岗敬业,团结同志,协调配合。

(5)遵守操作规程,爱护各种仪器设备。

8. 专业技能

1)白酒酿造基础知识

(1)白酒品种的分类知识;

(2)酿酒原辅材料的性能、质量要求;

(3)白酒酿造基本理论和工业操作的知识;

2)白酒酿造设备知识

粉碎、发酵、蒸馏、储存等相关设备的结构和特性。

3)白酒酿造的微生物基础知识

(1)细菌、酵母、曲霉菌的特性;

(2)白酒酿造中有害菌的基本知识;

4)机械和电气知识

(1)常用计量器具的使用知识;

(2)电气设备的基础知识;

(3)电工仪表的基础知识;

5)安全及环保知识

(1)安全操作知识;

(2)职业安全卫生和环境保护知识;

6)相关法律、法规知识

(1)劳动法的相关知识;

(2)产品质量法的相关知识;

(3)食品卫生法的相关知识;

(4)商标法的相关知识;

(5)食品标签法的相关知识。

9. 职业认证

国家职业资格工作网 www.osta.org.cn 网站可查职业资格证书真伪;天津市人力资源和社会保障局 022-12333 电话可查职业资格证书真伪。

10. 就业前景

白酒酿造工的就业方向为:在大、中型白酒酿造生产型企业中从事制曲操作、发酵操作、蒸馏操作、勾调操作、技术工艺、质量监督等岗位工作;在白酒销售型企业中从事销售和质量检验工作。

白酒酿造从业人员的工资待遇为:截至 2016 年底,白酒酿造从业人员的平均薪资为 3 500 元, 0~2 年工龄的工人工资为 2 800 元, 3~5 年工龄的工人工资为 4 000 元,6~7 年工龄的工人工资为 5 000 元以上。

就业率数据显示:白酒酿造工就业率呈逐年上升趋势,薪资待遇也在不断提升。

二、"白酒酿造工职业培训包"介绍

"白酒酿造工职业培训包"是依据国家职业标准,针对白酒酿造工职业各层次(5级)的培训对象进行职业技能培训的资源总和(主要包括职业标准、教学内容、教材、教学形式、考核标准、师资标准、实训条件等)。白酒酿造工职业标准中包括了生产准备、培菌制曲、糖化发酵、蒸馏、勾调、储存入库、安全生产和质量评价等内容,涵盖了白酒酿造的全过程。

1. 培训目的

白酒酿造工高级职业资格培训要达到以下目的。

其在职业知识方面应掌握以下知识。

(1)白酒酿造微生物基础知识;

(2)白酒酿造基础知识;

(3)白酒酿造设备基础知识;

(4)机械和电气设备知识;
(5)安全知识;
(6)职业道德。

其在职业技能方面应达到以下要求。
(1)能指导酿酒生产工艺设计、参数控制;
(2)改进酿酒技术,并处理酒品制造中的技术问题;
(3)实施酿酒新技术的开发、试验,酿制酒类新产品;
(4)控制酒品关键性技术指标。

其在职业道德方面应达到以下要求。
(1)遵守国家法律、法规和企业的各项规章制度;
(2)认真负责,严于律己,不骄不躁,吃苦耐劳,勇于开拓;
(3)努力学习,不断提高自身素质,有创新精神;
(4)爱岗敬业,团结同志,协调配合;
(5)遵守操作规程,爱护各种仪器设备。

2. 培训对象

白酒酿造工培训的对象包括如下人群。
(1)无专业背景,想从事白酒酿造工作的人群;
(2)食品科学、生物技术相关专业的在校学生;
(3)从事白酒酿造相关工作,想提升知识和技能水平的人群;
(4)从事白酒酿造培训的工作人员;
(5)对白酒酿造感兴趣的社会人员。

3. 培训目标

通过学习,学员的酿造水平应能达到国家职业技能鉴定大纲的要求。学员能够掌握基本的理论和专业知识,按照国家劳动和社会保障部规定的白酒酿造各级职业资格要求,取得相应级别的职业资格证书,并能持证独立上岗操作。白酒酿造工高级职业资格要求,高级工具有扎实的白酒酿造原理知识和专业知识功底,会使用所在部门所有的生产设备,独立组织班组生产产品,达到单位技术骨干水平。

4. 培训模块

白酒酿造工(高级工)的培训模块见表 10-2。

表 10-2　白酒酿造工(高级工)培训模块

模块	职业功能	工作内容	技能要求	相关知识
基础模块	1. 白酒基础知识	1-1 职业道德	1-1-1 能用职业道德规范自己的岗位操作和职责	1-1-1 白酒酿造高级资格职业道德的基本要求
		1-2 专业基础知识	1-2-1 掌握原料蒸煮过程和糖化过程中碳水化合物、含氮物、脂肪和果胶的变化知识 1-2-2 掌握白酒老熟过程中的物质变化知识	1-2-1 原料蒸煮和糖化发酵过程中的物质变化 1-2-2 白酒的老熟
	2. 生产准备	2-1 接收物料	2-1-1 能根据曲的种类、用途，调整原辅料的种类及粉碎度 2-1-2 能处理生产过程中的各种废料和残次品	2-1-1 原料粉碎的质量标准 2-1-2 环境保护、“三废”治理的知识
		2-2 现场卫生	2-2-1 能根据不同器具、场地，采取相应的清洁方法 2-2-2 能组织生产现场定岗、定位	2-2-1 资源配置的基本知识 2-2-2 生产作业现场管理知识
		2-3 检查设备、能源	2-3-1 能调整仪器、设备的工作状态并协助完成设备的中、大修 2-3-2 能协调能源供应，确保生产正常运转	2-3-1 仪器、仪表的基本知识 2-3-2 能源供应基础知识 2-3-3 机械、电气设备的自动控制基础知识
行业模块	3. 培菌制曲	3-1 曲坯制作	3-1-1 能组织新材料、新工艺的应用	3-1-1 曲霉菌、酵母菌新陈代谢的基础理论知识
		3-2 控制温度、湿度	3-2-1 能及时调整菌种的培养条件	3-2-1 菌种生长的最佳条件知识
		3-3 培菌	3-3-1 能对白酒酿造有害菌进行预防和检查	3-3-1 有害菌的检查、预防知识
		3-4 储存、保藏	3-4-1 能控制产品后熟的储存条件，将损耗降到最低	3-4-1 曲储存过程中发生变化的知识
	4. 配料	4-1 润料(糁)	4-1-1 能根据化验报告调整、指导润料(糁)操作	4-1-1 白酒酿造润料(糁)基本理论知识
		4-2 拌料(糁)	4-2-1 能依据化验报告指导拌料操作	4-2-1 拌料质量对发酵影响的相关知识
	5. 蒸煮	5-1 上甑(锅)	5-1-1 能做到撒得准、轻、松、平、匀，不压汽、不跑汽	5-1-1 上甑(锅)的操作要领
		5-2 蒸煮(饭)	5-2-1 能从感观鉴别蒸煮(饭)质量是否符合工艺要求，并提出改进措施	5-2-1 蒸煮(饭)的质量标准知识
	6. 糖化发酵	6-1 入窖(缸、罐)	6-1-1 能做到分层入窖(缸、罐)	6-1-1 白酒发酵设备的使用、维护、保养知识
		6-2 封窖(口)	6-2-1 能根据发现的问题制订出纠正、预防措施	6-2-1 厌氧发酵的基本知识

续表

模块	职业功能	工作内容	技能要求	相关知识
行业模块	7. 蒸馏	7-1 上甑	7-1-1 能根据出窖(缸、罐)化验分析报告及产酒量，分析上甑操作中存在的问题	7-1-1 白酒蒸馏设备知识
		7-2 蒸馏接酒	7-2-1 能通过看酒花判断酒精度，误差在 5 度以内 7-2-2 能根据原酒入库分析报告判断蒸馏接酒操作中存在的问题	7-2-1 馏分的变化知识
	8. 储存入库	8-1 验收原酒	8-1-1 能根据基酒质量缺陷，找出基酒的生产问题	8-1-1 白酒酿造的一般知识
		8-2 分级入库	8-2-1 能鉴别不同质量的调味酒	8-2-1 白酒储存理论知识
	9. 勾调	9-1 组合酒	9-1-1 能进行调味操作	9-1-1 白酒勾调原理及酿造工艺知识
		9-2 品评	9-2-1 能品评酒样的特点与缺陷	9-2-1 白酒品评调味知识
	10. 过滤	10-1 过滤酒	10-1-1 能选择合适的过滤器	10-1-1 国内过滤器的新技术、新工艺知识
拓展模块	11. 质量控制	11-1 记录工艺参数	11-1-1 能依据原始记录查找操作过程中存在的弊端并协助解决	11-1-1 白酒酿造基础知识
		11-2 分析问题	11-2-1 能从设备、环境、原辅料、工艺等方面分析曲质优劣的原因	11-2-1 验曲标准
		11-3 解决问题	11-3-1 能根据曲的分析报告对生产用曲提出指导性建议和改进措施	11-3-1 ISO 9000 基本知识 11-3-2 曲酒生产的基本知识
	12. 安全生产	12-1 安全生产	12-1-1 能对班组生产安全进行监督检查	12-1-1 车间生产安全操作规程 12-1-2 企业安全管理制度
	13. 质量评价	13-1 质量评价	13-1-1 能对在生产制品的质量进行监督检查	13-1-1 白酒质量标准 13-1-2 食品质量安全知识

5. 培训时数

白酒酿造工高级职业资格培训总时数不少于 150 标准学时。

6. 培训特点

本职业资格培训的特点如下。

（1）项目化培训特色：由生产项目导入学习和训练内容，从“用”入手“学”，使学习内容与训练项目紧密结合，理论与实操结合。

（2）职业化培训特色：职业技能培训必须体现职业属性，把企业对职业属性的要求体现在培训包中，使学习训练过程与生产过程的结合，把培训过程作为生产能力培养过程。

（3）模块化（菜单式）培训特色：借鉴国际劳工组织开发的 MES 模式，按照职业或岗位应具备的职能划分模块，紧密结合任务模块中完成典型工作任务应具备的知识、技能和综合职业能力要求设计模块内容，其中每个单项知识和技能又作为任务模块中的能力单元。以此建立模块化培训体系，方便不同层次的人员选择适宜的模块或能力单元培训学习。

（4）新技术应用培训特色：根据行业、企业的需求，不断拓展“职业培训包”覆盖的职业范围，又根据职业的发展情况，不断调整更新“职业培训包”的内容，保持技术应用先进性。

三、培训学员选择模块的方法

1. 模块选择指导

培训包依据白酒酿造工的特点分为基础模块、行业模块和特色模块。

依据白酒的酿造知识和操作特点，将具有共性、基础性的内容设置成为基础模块，如生产准备、质量控制，建议所有学员都选择该模块并认真学习。

培训包参考国家白酒工业的特点和发展趋势，结合国家白酒酿造工的职业标准，将培菌制曲、白酒发酵、白酒勾调设置为专业模块，提供给该岗位从业人员进行选择，避免学习资源的浪费。

目前国家食品安全和生产安全问题突出，为保证产品质量，确保安全生产，白酒酿造工培训包增加了安全生产和质量评价模块，为机构和企业培训提供有效资源，满足行业、企业的需要。

2. 培训项目选择指导

白酒酿造工职业资格培训包建设团队通过广泛调研、汇总各个岗位的技能要求和知识要求，依据岗位的难度要求将职业资格分成 5 级，依次对应初级、中级、高级、技师和高级技师。每个培训模块的培训学时有明显差异，培训学员可以根据自己所处的行业、操作和理论水平、时间来选择适合的项目进行学习。

3. 考核方式选择指导

本职业鉴定分理论知识考试和技能操作考核。理论知识考试采用笔试方式，技能操作考核采用现场实际操作方式进行。两项考试（考核）均采用百分制，考试成绩达 60 分及以上者为合格。理论考试成绩合格后，方可参加技能操作考核，以上理论考试和技能操作考核两项均为合格者，视为该项目培训合格。理论考试按 1∶15 的比例配置考评员，每个标准教室不少于 2 名考评员；技能操作考核按 1∶5 的比例配置考评员，且不少于 3 名考评员。理论知识考试为 90~120 min；技能操作考核时间为 120~180 min。

技师和高级技师考核在理论和实操基础上还需答辩环节。学员需准备专业论文一篇，并将内容制作成 PPT，汇报时间 20 min，提问 10 min。

第二节 白酒酿造工培训指南

一、培训体系

白酒酿造工(高级职业资格)的培训体系见表10-3。

表10-3 白酒酿造工高级职业资格培训体系

白酒酿造工(TJB 6120401)高级职业资格(3)-Ⅰ模块化培训体系					
模块课程	课程代码	能力单元	能力单元编码	实训项目(任务)	学时
白酒基础知识	6120401(3)Ⅰ-01	1. 职业道德	6120401(3)-Ⅰ-01-01	实训项目一 职业道德 实训任务 白酒酿造高级资格职业道德的基本要求	6
		2. 专业基础知识	6120401(3)-Ⅰ-01-02	实训项目二 白酒酿造基础理论 实训任务1 原料蒸煮和糖化过程中的物质变化 实训任务2 白酒的老熟与勾兑调味	16
生产准备	6120401(3)Ⅰ-02	1. 接收物料	6120401(3)-Ⅰ-02-01	实训项目三 接收物料 实训任务1 原辅料的种类及粉碎度的调整 实训任务2 生产过程废料和残次品的处理	12
		2. 现场卫生	6120401(3)-Ⅰ-02-02	实训项目四 现场卫生 实训任务1 不同器具、场地的清洁 实训任务2 生产现场定岗、定位	12
		3. 检查设备、能源	6120401(3)-Ⅰ-02-03	实训项目五 生产设备及能源的检查 实训任务1 生产设备的调整、维修 实训任务2 能源供应的协调	24
培菌制曲	6120401(3)Ⅰ-03	1. 曲坯制作	6120401(3)-Ⅰ-03-01	实训项目六 曲坯制作 实训任务 强化大曲的制作	6
		2. 控制温度、湿度	6120401(3)-Ⅰ-03-02	实训项目七 温度、湿度的控制 实训任务 培养条件的调整	6
		3. 培菌	6120401(3)-Ⅰ-03-03	实训项目八 培菌 实训任务 有害菌的预防和检查	6
		4. 储存、保藏	6120401(3)-Ⅰ-03-04	实训项目九 储存、保藏 实训任务 产品后熟储存条件的控制	6
配料	6120401(3)Ⅰ-04	1. 润料(糁)	6120401(3)-Ⅰ-04-01	实训项目十 润料(糁) 实训任务 润料(糁)操作的调整	12
		2. 拌料(糁)	6120401(3)-Ⅰ-04-02	实训项目十一 拌料(糁) 实训任务 拌料操作的调整	12
蒸煮	6120401(3)Ⅰ-05	1. 上甑(锅)	6120401(3)-Ⅰ-05-01	实训项目十二 上甑(锅) 实训任务1 上甑(锅)的操作要领 实训任务2 上甑操作中存在问题的分析	12
		2. 蒸煮(饭)	6120401(3)-Ⅰ-05-02	实训项目十三 蒸煮(饭) 实训任务 蒸煮(饭)质量的感观鉴别	12

续表

白酒酿造工（TJB 6120401）高级职业资格（3）-Ⅰ模块化培训体系					
模块课程	课程代码	能力单元	能力单元编码	实训项目（任务）	学时
糖化发酵	6120401（3）Ⅰ-06	1. 入窖（缸. 罐）	6120401（3）-Ⅰ-06-01	实训项目十四　入窖（缸、罐） 实训任务　分层入窖（缸、罐）	12
		2. 封窖（口）	6120401（3）-Ⅰ-06-02	实训项目十五　封窖（口） 实训任务　纠正、预防措施的制订	12
蒸馏	6120401（3）Ⅰ-07	蒸馏接酒	6120401（3）-Ⅰ-07-01	实训项目十六　蒸馏接酒 实训任务 1　酒精度的判断 实训任务 2　蒸馏接酒操作中存在问题的判断	12
储存入库	6120401（3）Ⅰ-08	1. 验收原酒	6120401（3）-Ⅰ-08-01	实训项目十七　验收原酒 实训任务　基酒生产问题的分析	6
		2. 分级入库	6120401（3）-Ⅰ-08-02	实训项目十八　分级入库 实训任务　不同质量调味酒的鉴别	6
勾调	6120401（3）Ⅰ-09	1. 品评	6120401（3）Ⅰ-09-01	实训项目十九　品评 实训任务　品评酒样的特点及缺陷	6
		2. 组合酒	6120401（3）Ⅰ-09-02	实训项目二十　组合酒 实训任务 1　勾调原理的认知 实训任务 2　调味的操作	6
过滤	6120401（3）Ⅰ-10	过滤	6120401（3）Ⅰ-10-01	实训项目二十一　过滤 实训任务　过滤器的选择	6
质量控制	6120401（3）Ⅰ-11	1. 记录工艺参数	6120401（3）-Ⅰ-11-01	实训项目二十二　记录工艺参数 实训任务　操作过程中存在问题的查找及解决	6
		2. 分析问题	6120401（3）-Ⅰ-11-02	实训项目二十三　分析问题 实训任务　曲质优劣原因的分析	12
		3. 解决问题	6120401（3）-Ⅰ-11-03	实训项目二十四　解决问题 实训任务　生产用曲问题的分析解决	12
安全生产	6120401（3）Ⅰ-12	安全生产	6120401（3）-Ⅰ-12-01	实训项目二十五　安全生产 实训任务　安全生产的监督检查	12
质量评价	6120401（3）Ⅰ-13	质量评价	6120401（3）-Ⅰ-13-01	实训项目二十六　质量评价 实训任务 1　食品质量安全的认知 实训任务 2　生产制品质量的监督检查	12

二、培训计划

白酒酿造工高级职业资格培训计划见表 10-4。

表 10-4　白酒酿造工高级职业资格培训计划

序号	培训模块			课程类型（培训形式）	培训环境条件	课程资源	课时
	类型	模块代码	模块课程名称				
1	基础模块	6120401(3)Ⅰ-01	白酒基础知识	理论	干净整洁的教室，配备PPT投影仪	讲义、教材、PPT课件	22
2		6120401(3)Ⅰ-02	生产准备	教学做	生产车间清洁卫生、排水状况良好；白酒生产设备部件表面干净	讲义、教材、PPT课件、标准操作流程	48
3	行业模块	6120401(3)Ⅰ-03	培菌制曲	教学做	生产车间清洁卫生、排水状况良好；白酒生产设备部件表面干净、无尘土并定期消毒	讲义、教材、PPT课件、标准操作流程	24
4		6120401(3)Ⅰ-04	配料	教学做			24
5		6120401(3)Ⅰ-05	蒸煮	教学做			18
6		6120401(3)Ⅰ-06	糖化发酵	教学做			24
7		6120401(3)Ⅰ-07	蒸馏	教学做			24
8		6120401(3)Ⅰ-08	储存入库	教学做			18
9		6120401(3)Ⅰ-09	勾调	教学做			12
10		6120401(3)Ⅰ-10	过滤	教学做			6
11		6120401(3)Ⅰ-11	质量控制	教学做	生产车间清洁卫生、排水状况良好；白酒生产设备部件表面干净、无尘土并定期消毒	讲义、教材、PPT课件、标准操作流程	20
12	拓展模块	6120401(3)Ⅰ-12	安全生产	教学做	生产车间清洁卫生、排水状况良好；白酒生产设备部件表面干净、无尘土并定期消毒	讲义、教材、PPT课件、案例	12
13		6120401(3)Ⅰ-13	质量评价	教学做			12
考核（鉴定）	鉴定申报 申报条件 具备下列条件之一的，可申请报考高级工： （1）取得本职业中级职业资格证书后，连续从事本职业工作2年以上，经本职业高级正规培训达规定标准学时数，并取得毕（结）业证书； （2）取得本职业中级职业资格证书后，连续从事本职业工作5年以上； （3）取得经劳动保障行政部门审核认定的、以高级技能为培养目标的高等职业学校本职业（专业）毕业证书； （4）高等院校食品、生物、化学相关专业大学四年级在校学生						
	考核时间　理论：90 min　实操：180 min						
	考核地点 理论知识考核场地应具有可容纳30名以上学员的标准教室（配多媒体设备），实训操作考核场地应具备能满足实训要求的实训室，且有相应的白酒酿造实训设施和必要的工具						
	考核准备：（明确学员考前准备注意事项等） 注意事项 （1）考生需在开考前15 min凭身份证进入考场； （2）超过规定考试时间30 min者不准进入考场； （3）考生不得在试卷上做任何标记，违者一律取消考试资格； （4）对违反考场规则、考试纪律的人员，视其情节，按有关规定给予严肃处理						

三、培训及考核场所、设备、环境准备

白酒酿造工考核场所设施标准见表10-5。

表10-5　白酒酿造工考核场所设施标准

白酒酿造工（TJB6120401）考核场所设施标准	
理论场所设施（单班培训设置标准）按照国家标准教室设置	
场地条件	标准教室3间（每间不少于50平方米）
设备条件	（1）至少30套课桌椅； （2）讲台、黑板等设施齐备
安全条件	（1）有良好的照明和通风条件，出入畅通，安静； （2）墙壁上有《教室使用安全规程》
实操场所设施（按单班培训设置标准）	
场地条件	（1）实训场地须同时满足30人/班，面积不少于200平方米/班； （2）环境清洁、操作平台整洁、有下水系统。
设备条件	主要设备：粉碎机（JFS—2235）2台、液压制曲机（50—300型）2台、全自动晾渣机（RT0537）1台、窖池（长宽比例为1.5~2.0：1，深度为1.8~2.0 m）1个、蒸馏设备（RX—800）2台 辅助设备：物料输送带1套
安全条件	（1）电源、配电设施符合安全要求； （2）根据消防法规配备灭火装置； （3）有安全出口标志及通道，并设有“出口、通道处不得堆放原物料、杂物等”字样的警示牌； （4）曲种室地面、墙壁应采用防渗材料，便于清洗、消毒、灭菌； （5）酿造车间应设置用于废气排放的天窗或侧窗； （6）原料库、辅料库应清凉通风、干燥洁净，并有防虫、防鼠、防雀设施； （7）配料、发酵与蒸馏场所应有排风设施，并且场地坚硬、宽敞、平坦、排水良好； （8）车间内严禁烟火； （9）酒库必须有防火、防爆、防尘设施，库内应阴凉干燥
劳动保护设施	手套、防火毯、灭火器、急救药箱等

白酒酿造工培训报名表见表10-6。

表10-6　白酒酿造工培训报名表

姓名		性别		
政治面貌		民族		
年龄		文化程度		
拟报职业资格名称				
联系电话		身份证号码		

续表

现住址		
户口所在地		
从事工作及主要经历		
人事关系单位任职情况	现任职务	
	合同期限	
	任职单位	（盖章）
本人签章	签章：　　　　年　　月　　日	
备注		

第三节　白酒酿造工考核指南

一、申报条件

白酒酿造工高级职业资格（具备下列条件之一者）的申报条件如下。

（1）取得本职业中级职业资格证书后，连续从事本职业工作2年以上，经本职业高级正规培训达规定标准学时数，并取得毕（结）业证书。

（2）取得本职业中级职业资格证书后，连续从事本职业工作5年以上。

（3）取得经劳动保障行政部门审核认定的、以高级技能为培养目标的高等职业学校本职业（专业）毕业证书。

（4）高等院校食品、生物、化学相关专业大学四年级在校学生。

二、考核要素细目

白酒酿造工（高级工）考核要素细目见表10-7。

表 10-7 白酒酿造工(高级工)考核要素表

理论知识(基础知识、相关知识)		
考核内容		知识点
基础知识	1. 职业道德 1-1 职业道德	白酒酿造高级资格职业道德的基本要求
	2. 基础知识 2-1 专业基础知识	(1)原料蒸煮和糖化发酵过程中的物质变化; (2)白酒的老熟
相关知识	1. 生产准备 1-1 接收物料 1-2 现场卫生 1-3 检查设备、能源	(1)原料粉碎的质量标准; (2)环境保护、"三废"治理的知识; (3)资源配置基本知识; (4)生产作业现场管理知识; (5)仪器、仪表的基本知识; (6)能源供应基础知识; (7)机械、电气设备的自动控制基础知识
	2. 培菌制曲 2-1 曲坯制作 2-2 控制温度、湿度 2-3 培菌 2-4 储存、保藏	(1)曲霉菌、酵母菌新陈代谢的基础理论知识; (2)菌种生长的最佳条件知识; (3)有害菌的检查、预防知识; (4)曲储存过程中发生变化的知识
	3. 配料 3-1 润料(糁) 3-2 拌料(糁)	(1)白酒酿造润料(糁)基本理论知识; (2)拌料质量对发酵的影响
	4. 蒸煮 4-1 上甑(锅) 4-2 蒸煮(饭)	(1)上甑(锅)的操作要领; (2)蒸煮(饭)的质量标准知识
	5. 糖化发酵 5-1 入窖(缸、罐) 5-2 封窖(口)	(1)白酒发酵设备的使用、维护、保养知识; (2)厌氧发酵的基本知识
	6. 蒸馏 6-1 上甑 6-2 蒸馏接酒	(1)白酒蒸馏设备知识; (2)馏分的变化知识
	7. 储存入库 7-1 验收原酒 7-2 分级入库	(1)白酒酿造的一般知识; (2)白酒储存理论知识
	8. 勾调 8-1 组合酒 8-2 品评	(1)白酒勾调原理及酿造工艺知识; (2)白酒品评调味知识
	9. 过滤 9-1 过滤酒	国内过滤器的新技术、新工艺

续表

理论知识（基础知识、相关知识）		
考核内容		知识点
相关知识	10. 质量控制 10-1 记录工艺参数 10-2 分析问题 10-3 解决问题	（1）白酒酿造基础知识； （2）验曲标准； （3）ISO 9000 基本知识； （4）曲酒生产的基本知识
	11. 安全生产 11-1 安全生产	（1）车间生产安全操作规程； （2）企业安全管理制度
	12. 质量评价 12-1 质量评价	（1）白酒质量标准； （2）食品质量安全知识

操作技能	
考核内容	技能要点
1. 生产准备 1-1 接收物料 1-2 现场卫生 1-3 检查设备、能源	（1）能根据曲的种类、用途，调整原辅料的种类及粉碎度； （2）能处理生产过程中的各种废料和残次品； （3）能根据不同器具、场地，采取相应的清洁方法； （4）能组织生产现场定岗、定位； （5）能调整仪器、设备的工作状态并协助完成设备的中、大修； （6）能协调能源供应，确保生产正常运转
2. 培菌制曲 2-1 曲坯制作 2-2 控制温度、湿度 2-3 培菌 2-4 储存、保藏	（1）能组织新材料、新工艺的试制和应用； （2）能及时调整培养条件； （3）能对白酒酿造有害菌进行预防和检查； （4）能控制产品后熟的储存条件，将损耗降到最低
3. 配料 3-1 润料（糁） 3-2 拌料（糁）	（1）能根据化验报告及母糟干湿情况，调整、指导润料（糁）操作，要求润粮水以刚润透为宜，尽量少加； （2）能依据化验报告指导拌料操作，要求一次拌和均匀，消灭疙瘩，杜绝白粉子
4. 蒸煮 4-1 上甑（锅） 4-2 蒸煮（饭）	（1）能做到撒得准、轻、松、平、匀、不压气、不跑气； （2）能从感观鉴别蒸煮（饭）质量是否符合工艺要求，并提出改进措施
5. 糖化发酵 5-1 入窖（缸、罐） 5-2 封窖（口）	（1）能做到分层入窖（缸、罐）； （2）能根据发现的问题制订出纠正、预防措施
6. 蒸馏 6-1 上甑 6-2 蒸馏接酒	（1）能根据出窖（缸、罐）化验分析报告及产酒量，分析上甑操作中存在的问题； （2）能通过看酒花判断酒精度，误差在 5 度以内； （3）能根据原酒入库分析报告，判断蒸馏接酒操作中存在的问题
7. 储存入库 7-1 验收原酒 7-2 分级入库	（1）能根据基酒的质量缺陷，找出基酒的生产问题； （2）能鉴别不同质量的调味酒

续表

操作技能	
考核内容	技能要点
8. 勾调 8-1 组合酒 8-2 品评	(1)根据品评规则，能品评酒样和打分，并找出其缺陷； (2)根据调味程序，能完成选用调味酒、小样调味和正式调味，完成调味工作
9. 过滤 9-1 过滤酒	能根据生产需要选择合适的过滤器(过滤器的技术参数)
10. 质量控制 10-1 记录工艺参数 10-2 分析问题 10-3 解决问题	(1)能依据原始记录查找操作过程中存在的弊端并协助解决； (2)能从设备、环境、原辅料、工艺等方面分析曲质优劣的原因； (3)能根据曲的分析报告对生产用曲提出指导性建议和改进措施
11. 安全生产 11 -1 安全生产	能对班组生产安全进行监督检查
12. 质量评价 12-1 质量评价	能对在生产制品的质量进行监督检查

白酒酿造工考核报名表见表 10-8。

表 10-8 白酒酿造工考核报名表

<table>
<tr><td>姓名</td><td></td><td>性别</td><td></td><td>出生年月</td><td></td><td rowspan="3">照片
(盖单位骑缝章)</td></tr>
<tr><td>学历</td><td></td><td>所学专业</td><td></td><td>毕业时间</td><td></td></tr>
<tr><td>报考职业资格名称和等级</td><td></td><td>专业技术职称</td><td></td><td>身份证号</td><td></td></tr>
<tr><td>工作单位</td><td colspan="3"></td><td>联系电话</td><td colspan="2"></td></tr>
<tr><td>通信地址</td><td colspan="3"></td><td>邮政编码</td><td colspan="2"></td></tr>
<tr><td rowspan="5">接受培训情况</td><td>起止时间</td><td colspan="2">培训内容</td><td colspan="2">培训地点</td><td>考核结果</td></tr>
<tr><td></td><td colspan="2"></td><td colspan="2"></td><td></td></tr>
<tr><td></td><td colspan="2"></td><td colspan="2"></td><td></td></tr>
<tr><td></td><td colspan="2"></td><td colspan="2"></td><td></td></tr>
<tr><td></td><td colspan="2"></td><td colspan="2"></td><td></td></tr>
<tr><td rowspan="5">工作简历</td><td>起止时间</td><td colspan="2">工作单位</td><td colspan="2">职务</td><td>从事职业</td></tr>
<tr><td></td><td colspan="2"></td><td colspan="2"></td><td></td></tr>
<tr><td></td><td colspan="2"></td><td colspan="2"></td><td></td></tr>
<tr><td></td><td colspan="2"></td><td colspan="2"></td><td></td></tr>
<tr><td></td><td colspan="2"></td><td colspan="2"></td><td></td></tr>
</table>

续表

<table>
<tr><td>技术
业绩</td><td colspan="2"></td></tr>
<tr><td colspan="2">单位推荐意见：

年　　月　　日</td><td>主管部门意见：

年　　月　　日</td></tr>
<tr><td colspan="2">市职业技能鉴定指导中心意见：

年　　月　　日</td><td>市人力资源和社会保障局意见：

年　　月　　日</td></tr>
</table>

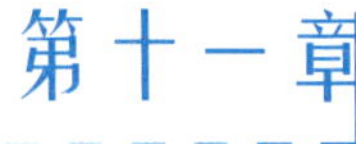

第十一章 天津市职业培训包资源包开发成果

资源包是“职业培训包”的重要组成部分，培训包要有丰富的培训资源，供培训对象、培训教师、培训机构使用，内容主要包括课程资源、学习资源、信息资源 3 大部分。本章以食品检验工高级工粮油及制品检验模块为例进行成果展示。

第一节　食品检验工课程资源

课程资源是为培训对象提供的系统的学习材料，是为培训机构提供的教学指导材料。课程资源是培训包开发的动态资源。本节以粮油及制品检验模块为例进行课程资源开发成果的展示，相关成果见表 11-1~ 表 11-3。

表 11-1　粮油及制品检验模块课程设置

	模块化课程名称		课时数
课程设置及学时	1. 检验的准备工作	分析设备的选择和配备	14
		分析样品制备中的误差处理	16
	2. 粮油及制品检验	油脂检验	16
		原粮检验	14
	3. 焙烤食品检验	中式焙烤食品检验	16
		西式焙烤食品检验	14
	4. 酒类检验	酒类检验	30
	5. 啤酒检验	啤酒检验	30
	6. 饮料检验	饮料检验	42
	7. 肉制品检验	生肉及制品检验	18
		熟肉及制品检验	18

续表

课程设置及学时	模块化课程名称		课时数
	8. 调味、酱腌制品检验	食醋检验	14
		酱油检验	14
		复合调味料检验	14
	9. 检验结果分析	实验报告的编制	22
学习形式	理论课程 40%,实践操作课程 60%		

表 11-2　油脂检验课程资源展示表

模块化课程名称	粮油及制品检验	课程代码	6260108(3)-Ⅰ-03
能力单元名称	油脂检验	能力单元代码	6260108(3)-Ⅰ-03-01
实训项目名称	油脂检验	学时数	16

【项目背景描述】

油脂在我们日常生活中用处非常多。在当今人们频繁使用地沟油的情况下,对于油脂质量的严格把控是很重要的,因此作为一名食品检验工,必须掌握油脂检验的方法。

【实训技能示意】

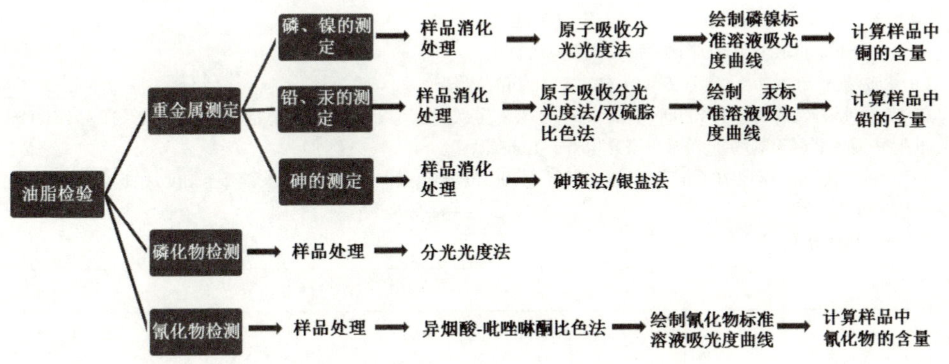

实训任务 1:油脂中的磷化物、氰化物检验

实训内容:

(1)油脂中磷化物检验;

(2)油脂中氰化物检验。

学习目标:

(1)掌握分光光度计的使用方法;

(2)完成油脂中磷化物、氰化物项目的检测工作。

技能实作指标:

油脂中磷化物、氰化物项目的检测结果精确度达到 0.1。

续表

<table>
<tr><td colspan="9">实训任务 2:油脂中汞、铅、砷、镍、磷的检验
实训内容:
(1)汞的检测;
(2)铅的检测;
(3)镍的检测;
(4)磷的检测;
(5)砷的检测。
学习目标:
(1)掌握原子吸收分光光度计的使用常识;
(2)掌握油脂中汞、铅、砷、镍、磷等项目的检测工作。
技能实作指标:
油脂中汞、铅、砷、镍、磷等项目的检测结果精确度达到 0.1。
【模块仿真试题】
实验室中有固体油脂样品 100 g,想要检验其中的铅元素含量,请按照所给试剂及仪器,利用原子吸收分光光度法进行检验,准确进行样品处理及仪器操作。样品处理:称取 2.0 g 混匀样品,先将固体油脂加热,融成液体,置于 100 mL 锥形瓶中,加 10 mL 石油醚,用 10% 硝酸提取 2 次,每次提取 5 mL,振摇 1 min,合并硝酸液于 10 mL 容量瓶中,加水稀释至刻度,混匀,备用。
试剂与仪器设备:
(1)原子吸收分光光度计;
(2)硝酸,过硫酸铵,石油醚;
(3)6 N(N 代表当量浓度)硝酸,量取 38 mL 硝酸,加水稀释至 100 mL;
(4)0.5% 硝酸,量取 1 mL 硝酸,加水稀释至 200 mL;
(5)10% 硝酸,量取 10.0 mL 硝酸,加水稀释至 100 mL;
(6)0.5% 硫酸钠,称 0.5 g 无水硫酸钠,加水至 100 mL 溶解;
(7)铅标准溶液,准确称取 1.000 g 金属铅(99.99%),分次加入 6 N 硝酸溶解,总量不超过 37 mL,移入 1 000 mL 容量瓶中,加水稀释至刻度,此溶液每毫升相当于 1 mg 铅;
(8)铅标准使用液,吸取 10.0 mL 铅标准溶液置于 100 mL 容量瓶中,加 0.5% 硝酸稀释至刻度,如此多次稀释至每毫升相当于 1 ug 铅。
【实操考核评分】</td></tr>
<tr><td>实训任务</td><td>配分</td><td colspan="7">各项内容评分标准扣分</td></tr>
<tr><td>标准曲线的绘制</td><td>40</td><td colspan="7">(1)准确配制标准溶液得 10 分;
(2)能够绘制标准曲线得 10 分;
(3)标准曲线回归系数有 5 个 9,得 20 分,少一个 9 扣 10 分</td></tr>
<tr><td>样品处理</td><td>20</td><td colspan="7">严格按照操作步骤进行得 20 分</td></tr>
<tr><td>原子吸收分光光度法测定含量</td><td>30</td><td colspan="7">仪器狭缝、空气及乙烯的流量、灯头高度、元素灯电流等均按仪器说明调至最佳状态得 30 分</td></tr>
<tr><td>结果计算</td><td>10</td><td colspan="7">结果计算准确得 10 分</td></tr>
<tr><td>安全文明生产</td><td colspan="8">违反安全文明生产规程扣 5~30 分</td></tr>
<tr><td>定额时间 30 min</td><td colspan="8">每超时 2 min 扣 1 分,超时 10 min 后不再作答</td></tr>
<tr><td>备　注</td><td colspan="8">除定额时间外,各项目最高扣分不超过配分数</td></tr>
<tr><td>开始时间</td><td colspan="2"></td><td>结束时间</td><td></td><td>实际时间</td><td></td><td>成绩</td><td></td></tr>
</table>

表 11-3　原粮检验课程资源展示表

模块化课程名称	粮油及制品检验	课程代码	6260108(3)-Ⅰ-03
能力单元名称	原粮检验	能力单元代码	6260108(3)-Ⅰ-03-02
实训项目名称	原粮检验	学时数	14

【项目背景描述】

原粮在我们日常生活中是最重要的主食来源，因此作为一名食品检验工，必须掌握原粮检验的方法。

【实训技能示意】

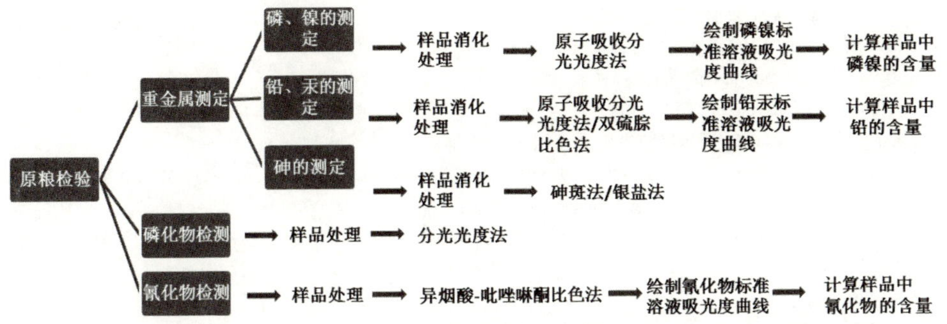

实训任务 1：原粮中的磷化物、氰化物的检验

实训内容：

（1）原粮中磷化物的检验；

（2）原粮中氰化物的检验。

学习目标：

掌握分光光度计的使用方法，完成原粮中磷化物、氰化物项目的检测工作。

技能实作指标：

原粮中磷化物、氰化物项目的检测结果精确度达到 0.1。

实训任务 2：原粮中汞、铅、砷、镍、磷的检验

实训内容：

（1）汞的检测；

（2）铅的检测；

（3）镍的检测；

（4）磷的检测；

（5）砷的检测。

学习目标：

（1）掌握原子吸收分光光度计的使用方法；

（2）完成原粮中汞、铅、砷、镍、磷等项目的检测工作。

技能实作指标：

原粮中汞、铅、砷、镍、磷等项目的检测结果精确度达到 0.1。

续表

【模块仿真试题】

实验室中有谷物样品 100 g,想要检验其中的铅元素含量,请按照所给试剂及仪器,利用原子吸收分光光度法进行检验,准确进行样品处理及仪器操作。样品处理:除去合物外壳,磨碎,过 20 目筛,混匀。称取 1.0~5.0 g 样品,置于石英或瓷坩埚中,加 5 mL 硝酸,放置 0.5 h,小火蒸干,继续加热炭化,移入高温炉中, 500 ℃灰化 1 h,取出放冷,再加 1 mL 硝酸浸湿灰分,小火蒸干。称取 2 g 过硫酸铵,覆盖灰分,再移入高温炉中, 800 ℃灰化 20 min,冷却后取出,以 0.5% 硝酸溶液少量多次洗入 10 mL 容量瓶中,稀释至刻度,备用。

取与消化样品相同量的硝酸、过硫酸铵,按同一方法做试剂空白试验。

试剂与仪器设备:

(1)原子吸收分光光度计;

(2)硝酸,过硫酸铵,石油醚;

(3)6 N 硝酸,量取 38 mL 硝酸,加水稀释至 100 mL;

(4)0.5% 硝酸,量取 1 mL 硝酸,加水稀释至 200 mL;

(5)10% 硝酸,量取 10.0 mL 硝酸,加水稀释至 100 mL;

(6)0.5% 硫酸钠,称 0.5 g 无水硫酸钠,加水至 100 mL 溶解;

(7)铅标准溶液,准确称取 1.000 g 金属铅(99.99%),分次加入 6 N 硝酸溶解,总量不超过 37 mL,移入 1 000 mL 容量瓶中加水稀释至刻度,此溶液每毫升相当于 1 mg 铅;

(8)铅标准使用液,吸取 10.0 mL 铅标准溶液,置于 100 mL 容量瓶中,加 0.5% 硝酸稀释至刻度,如此多次稀释至每毫升相当于 1 ug 铅。

【实操考核评分】

<table>
<tr><td>实训任务</td><td>配分</td><td colspan="6">各项内容评分标准(扣分)</td></tr>
<tr><td>标准曲线的绘制</td><td>40</td><td colspan="6">(1)准确配制标准溶液得 10 分;
(2)能够绘制标准曲线得 10 分;
(3)标准曲线回归系数有 5 个 9,得 20 分,少一个 9 扣 10 分</td></tr>
<tr><td>样品处理</td><td>20</td><td colspan="6">严格按照操作步骤进行得 20 分</td></tr>
<tr><td>原子吸收分光光度法测定含量</td><td>30</td><td colspan="6">仪器狭缝、空气及乙烯的流量、灯头高度、元素灯电流等均按仪器说明调至最佳状态得 30 分</td></tr>
<tr><td>结果计算</td><td>10</td><td colspan="6">结果计算准确得 10 分</td></tr>
<tr><td>安全文明生产</td><td colspan="7">违反安全文明生产规程扣 5~30 分</td></tr>
<tr><td>定额时间 30 min</td><td colspan="7">每超时 2 min 扣 1 分,超时 10 min 后不再作答</td></tr>
<tr><td>备　注</td><td colspan="7">除定额时间外,各项目最高扣分不超过配分数</td></tr>
<tr><td>开始时间</td><td></td><td>结束时间</td><td></td><td>实际时间</td><td></td><td>成绩</td><td></td></tr>
</table>

第二节　食品检验工学习资源

食品检验工的学习资源包括学习指南、模拟试卷等,本节以粮油及制品检验模块为例进行展示。

一、实训项目

粮油及其制品检验培训的目标是让学员掌握测定粮油及其制品中磷化物、氰化物和过氧化苯甲酰含量的原理和操作方法；掌握用比色法和原子吸收分光光度法测定粮油及其制品中磷、镍、铅、汞、砷等含量的原理、操作方法；掌握仪器的使用方法以及测量条件的选择方法。

实训项目一　粮油及其制品中磷化物含量的测定

测定粮油及其制品中磷化物的含量时常用原子吸收分光光度法。

1. 原理

磷化物遇水、酸放出磷化氢，用酸性高锰酸钾溶液将放出的磷化氢吸收，并将其氧化成磷酸，磷酸与钼酸铵作用生成磷钼酸铵，用氯化亚锡将磷钼酸铵还原成蓝色化合物钼蓝，然后与标准系列比较定量。

2. 仪器与试剂

1）仪器与用具

（1）分光光度计：配 3 cm 比色皿，可调节波长为 710 nm。

（2）电子天平：分度值为 0.01 g 和分度值为 0.000 1 g 的电子天平各一台。

（3）磷化氢蒸馏吸收装置（见图 11-1）。

（4）比色管：50 mL。

（5）刻度移液管：1 mL、5 mL 各数支。

（6）量筒：10 mL、100 mL。

2）试剂

（1）0.1 mol/L 高锰酸钾溶液：称取 16.5 g 高锰酸钾，加水溶解后，稀释至 1 000 mL，加热煮沸 3 min，冷却，放置过夜，用玻璃棉或石棉过滤后备用。

（2）0.02 mol/L 高锰酸钾溶液：将 0.1 mol/L 高锰酸钾溶液稀释 5 倍。

（3）1 mol/L 硫酸溶液：量取 28 mL 浓硫酸，缓缓加到 400 mL 水中，冷却后稀释至 500 mL。

（4）3 moL/L 硫酸溶液：量取 83.3 mL 浓硫酸，缓缓加到 400 mL 水中，冷却后稀释至 500 mL。

（5）饱和亚硫酸钠溶液：称取 28.5 g 无水亚硫酸钠，加入 70 mL 水，微热溶解，冷却后稀释至 100 mL。

（6）氯化亚锡盐酸溶液：称取 0.1 g 氯化亚锡，溶解于 5 mL 盐酸中，应在临用时现配。

（7）50 mg/mL 钼酸铵溶液。

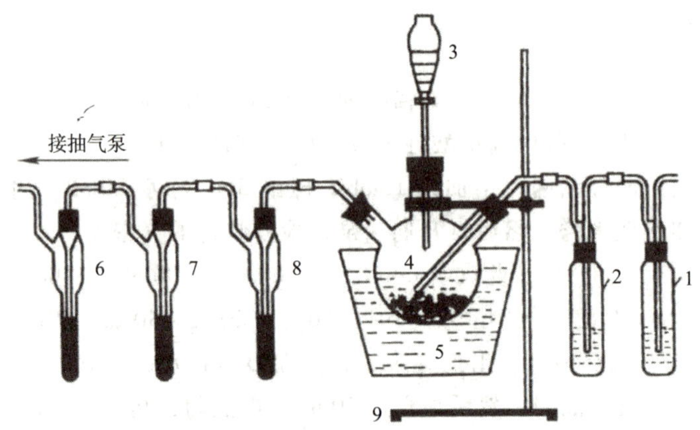

图 11-1　磷化氢蒸馏吸收装置

1、2—洗气瓶；3—分液漏斗；4—反应瓶；5—水浴；6、7、8—气体吸收管；9—铁架台

（8）磷化物标准溶液：准确称取 0.040 0 g 于 105 ℃干燥过的无水磷酸二氢钾，加水溶解后，移入 100 mL 容量瓶中，加 1 滴三氯甲烷（增加保存时间），加水稀释至刻度，摇匀。此溶液 1 mL 相当于 1 000 μg 磷化氢。

（9）磷化物标准使用液：吸取 10.0 mL 磷化物标准溶液，置于 100 mL 容量瓶中，加水稀释至刻度，摇匀。此溶液 1 mL 相当于 10 μg 磷化氢。

（10）碱性焦性没食子酸溶液：准确称取 5 g 焦性没食子酸溶于 15 mL 水中，准确称取 48 g 氢氧化钾溶于 32 mL 水中，冷却后小心将两溶液混合，用时现配。

（11）饱和硝酸汞溶液。

（12）饱和硫酸肼溶液。

（13）酸性高锰酸钾溶液：将 0.1 mol/L 高锰酸钾溶液和 1 mol/L 硫酸溶液等量混合。

3. 操作步骤

（1）准备蒸馏吸收装置。按图 11-1 连接好磷化氢蒸馏吸收装置。向 3 个串联的气体吸收管中各加 0.02 mol/L 高锰酸钾溶液 5 mL 和 1 mol/L 硫酸溶液 1 mL，向洗气瓶 1 中加入约 100 mL 酸性高锰酸钾溶液，向洗气瓶 2 中加入新配制的碱性焦性没食子酸溶液，向分液漏斗中加入 1 mol/L 硫酸溶液 5 mL 和水 80 mL，向水浴锅中加入适量水并加热至沸腾，然后打开抽气泵，检查装置的气密性。

（2）绘制标准曲线。吸取 0.00、1.00、2.00、3.00、4.00、5.00 mL 磷化氢标准使用液（相当于 0、10、20、30、40、50 μg 磷化氢），分别加于 6 支 50 mL 比色管中，再各加 30 mL 水、5.5 mL 3 mol/L 硫酸溶液、2.5 mL 钼酸铵溶液，混匀，然后加水至 50 mL，再混匀，再加 0.1 mL 氯化亚锡盐酸溶液，混匀。15 min 后，用 3 cm 比色皿，以零管调节零点，于波长 710 nm 处测定吸光度，绘制磷化氢含量与吸光度关系的标准曲线。

（3）测定。称取 50 g（精确至 0.1 g）样品，预先给磷化氢蒸馏吸收装置抽气 5 min，然后取下分液漏斗，迅速将样品加入反应瓶中，立即装上分液漏斗，塞紧瓶塞，加大抽气速度，将分液漏斗中的溶液加至反应瓶中，减慢抽气速度（以能分辨气泡为宜），抽气 30 min，并保持水浴沸腾。

反应完毕后，先除去气体吸收管进气一端的连接，再除去抽气管一端的连接，关闭抽气泵，取下 3 个气体吸收管，合并吸收管中的溶液于 50 mL 比色管中。气体吸收管用少量水洗涤，将洗液并入比色管中，滴加饱和亚硫酸钠溶液使高锰酸钾溶液褪色，加 3 mol/L 硫酸溶液 4.5 mL，钼酸铵溶液 2.5 mL，混匀，再加水至 50 mL，混匀。

在比色管中加入 0.1 mL 氯化亚锡盐酸溶液，混匀。15 min 后，用 3c m 比色皿，以零管调节零点，于波长 710 nm 处测定吸光度，在标准曲线上求出相应的磷化氢含量。

除不加样品外，按上述测定步骤加入适量的各种试剂做空白试验。每个样品平行测定 2 次，两次测定结果的差值不应超过平均值的 10%。

4. 结果计算

样品中磷化物含量（以 PH_3 计）的计算公式为

$$X=\frac{(m_1-m_0)\times 1\,000}{m\times 1\,000}$$

式中　X——样品中磷化物（以 PH_3 计）的含量，mg/kg；

m_1——测定用样品中磷化物的质量，μg；

m_0——空白试剂中磷化物的质量，μg；

m——样品质量，g。

两次测定结果的算术平均值即为最终测定结果，保留两位有效数字。

实训项目二　粮油及其制品中氰化物含量的测定

测定粮油及其制品中氰化物含量的方法为异烟酸－吡唑啉酮比色法，是国家标准中规定使用的方法。

1. 原理

氰化物在酸性溶液中被蒸出后，被碱性溶液吸收。在 pH=7.0 的溶液中，用氯胺 T 将氰化物转化为氯化氰，再与异烟酸－吡唑啉酮作用，生成蓝色染料，与标准系列比较定量。

2. 仪器与试剂

1）仪器与用具

水蒸气蒸馏装置、可见分光光度计等。

2）试剂

（1）酒石酸。

（2）0.5 g/L 甲基橙指示液。

（3）10 g/L 酚酞 - 乙醇指示液。

（4）10 g/L 氢氧化钠溶液。

（5）1 g/L 氢氧化钠溶液。

（6）20 g/L 氢氧化钠溶液。

（7）15 g/L 乙酸溶液。

（8）100 g/L 乙酸锌溶液。

（9）磷酸盐缓冲溶液（pH=7.0）：称取 34 g 无水磷酸二氢钾和 35.5 g 无水磷酸氢二钠，溶于水中并稀释至 1 000 mL。

（10）试银灵（对二甲氨基亚苄基罗丹宁）溶液：称取 0.02 g 试银灵，溶于 100 mL 丙酮中。

（11）异烟酸 - 吡唑啉酮溶液：称取 1.5 g 异烟酸，溶于 24 mL 20 g/L 氢氧化钠溶液中，加水至 100 mL；称取 0.25 g 吡唑啉酮，溶于 20 mL N，N- 二甲基甲酰胺中，合并上述两种溶液，混匀。

（12）氯胺 T 溶液：称取 1 g 氯胺 T[有效含量在 11%（质量分数）以上]，溶于 100 mL 水中，应在临用时现配。

（13）氰化物标准溶液：称取 0.25 g 氰化钾，溶于水中并稀释至 1 000 mL，此溶液每毫升相当于 0.1 mg 氢氰酸。其准确浓度的标定方法为：吸取上述溶液 10.0 mL，置于锥形瓶中，加 1 mL 20 g/L 氢氧化钠溶液，调节 pH>11，加 0.1 mL 试银灵溶液，用 0.02 mol/L 硝酸银标准溶液（1 mL 相当于 1.08 mg 氢氰酸）滴定至橙红色。

（14）氰化物标准使用液：根据氰化物标准溶液的浓度，用 1g/L 氢氧化钠溶液将其稀释成每毫升相当于 1 μg 氢氰酸。

3. 操作步骤

迅速称取 10.00 g 样品，置于 250 mL 蒸馏瓶中，加适量水使样品全部浸没。加入 20 mL 100 g/L 乙酸锌溶液和 1~2 g 酒石酸，迅速连接好所有蒸馏装置，将冷凝管的下端插入盛有 5 mL 10 g/L 氢氧化钠溶液的 100 mL 容量瓶的液面下，缓缓加热，通水蒸气进行蒸馏，收集馏出液近 100 mL，取下容量瓶，加水至刻度，摇匀。

吸取 0.0、0.3、0.6、0.9、1.2、1.5 mL 氰化物标准使用液（相当于含 0.0、0.3、0.6、0.9、1.2、1.5 μg 氢氰酸），分别置于 25 mL 比色管中，各加水至 10 mL。另吸取 10 mL 样品溶液置于 25 mL 比色管中。

在样品溶液和标准溶液中各加 1.0 mL 10 g/L 氢氧化钠溶液和 1 滴酚酞指示液，用 15 g/L 乙酸溶液调至红色刚好消失，加入 5 mL 磷酸盐缓冲溶液，加热升温至 37 ℃左右，再加入 0.25 mL 氯胺 T 溶液，加塞混合，放置 5 min 后，加入 5 mL 异烟酸 - 吡唑啉酮溶液，加水至 25 mL，混匀，于 25~40 ℃放置 40 min 后，用 2 cm 比色皿，以零管调节零点，于波长 638 nm 处测定吸光度，绘制标准曲线，进行比较定量。

4. 结果计算

样品中氰化物含量（以氢氰酸计）的计算公式为

$$X=\frac{m_1\times 1\,000}{m\frac{V_2}{V_1}\times 1\,000}$$

式中　X——样品中氰化物的含量（以氢氰酸计），mg/kg；

m_1——测定用样品溶液中氢氰酸的质量，μg；

V_1——样品溶液的总体积，mL；

V_2——测定用样品溶液的体积，mL；

m——样品质量，g。

5. 注意事项

（1）氰化物主要指氰酸盐和氢氰酸。氰酸盐在高温高湿条件下与酸作用时，分解并放出氢氰酸。氢氰酸蒸气和氰酸盐皆属作用强烈的有毒物质，对人有毒性，氢氰酸蒸气主要通过呼吸道进入人体，人中毒严重时呼吸急剧减慢、气喘、脉搏减慢、瞳孔放大、痉挛和失去知觉。本方法氢氰酸检出极限为 0.15 μg，最低检出含量为 0.015 mg/kg。

（2）氰化物遇酸产生氢氰酸。氢氰酸与苦味酸作用，生成红色异氰紫酸钠。

实训项目三　粮油及其制品中过氧化苯甲酰含量的测定

面粉增白剂中过氧化苯甲酰的检测方法比较简单，属于常规检验，一般面粉厂的化验室和懂得基本分析操作的化验员都能检测。

1. 原理

在丙酮溶液中，过氧化苯甲酰与碘化钾反应生成游离碘，以硫代硫酸钠标准溶液滴定即可。

2. 仪器与试剂

1）仪器与用具

（1）分析天平：分度值为 0.000 1 g。

（2）碘量瓶：250 mL。

（3）酸式滴定管：50 mL。

2）试剂

（1）丙酮。

（2）500 g/L 碘化钾溶液。

（3）0.1 mol/L 硫代硫酸钠标准滴定溶液。

3. 操作步骤

称取样品 1 g（精确至 0.000 2 g），置于 250 mL 碘量瓶中，加丙酮 30 mL 使之溶解，加碘化钾溶液 2 mL，立即盖上塞子，摇匀后放在暗处静置 15 min，然后用硫代硫酸钠标准滴定溶液滴定（不加淀粉指示液），棕色消失时为滴定终点，同时进行空白试验。

4. 结果计算

样品中过氧化苯甲酰质量分数的计算公式为

$$X=\frac{(V_1-V_0)c\times 0.121\ 1}{m}\times 100\%$$

式中 X——样品中过氧化苯甲酰的质量分数；

V_1——试样消耗硫代硫酸钠标准滴定溶液的体积，mL；

V_0——空白试液消耗硫代硫酸钠标准滴定溶液的体积，mL；

c——硫代硫酸钠标准滴定溶液的实际浓度，mol/L；

m——样品的质量，g。

与 1.00 mL 浓度为 1 mol/L 的硫代硫酸钠标准滴定溶液相当的过氧化苯甲酰的质量为 0.121 1 g。

两次平行测定结果之差不应大于 0.2%，取其算术平均值为测定结果。

实训项目四　粮油及其制品中微量元素含量的测定

实训任务一　磷含量的测定

1. 原理

用硫酸 - 硝酸消化破坏有机物，并将磷酸盐转化为正磷酸盐，经还原后生成钼蓝，用原子吸收分光光度法测定其在 825 nm 波长处的吸光度，用标准曲线法定量。

2. 仪器与试剂

1）仪器与用具

确保清洗玻璃器皿的清洁剂不含磷。

（1）容量瓶：50、250、1 000 mL。

（2）锥形瓶：50 mL。

（3）移液管：1、2、5、10、15、25 mL。

（4）消化瓶：100 mL。

（5）电热恒温干燥箱。

（6）干燥器。

（7）分析天平：分度值为 0.000 1 g。

（8）可见分光光度计：波长可调至 825 nm，配有 1 cm 比色皿。

2）试剂

（1）硫酸 - 硝酸混合液：硫酸（ω=96%，ρ=1.84 g/mL）和硝酸（ω=65%，ρ=1.38 g/mL）等体积混合。

（2）50 g/L 抗坏血酸溶液：保存于冰箱中，时间最多不超过 48 h。

（3）钼酸铵溶液：将 10.6 g 钼酸铵四水合物 [（NH_4）$_6MO_7O_{24}\cdot 4H_2O$ 溶于 500 mL 水中，移入 1 000 mL 烧瓶中]，加入 500 mL 的 10 mol/L 硫酸溶液，混合并冷却至室温。

（4）10 mol/L 氢氧化钠溶液。

（5）磷标准储备液：称取 0.439 3 g（精确至 0.5 mg）无水磷酸二氢钾（使用前在 105 ± 2 ℃的温度下干燥 1 h，然后置于干燥器中冷却至室温）溶于水中，然后定量移入 1 000 mL 容量瓶中，加水定容至刻度，摇匀。1 mL 此溶液含有 100 μg 的磷。

（6）磷标准使用液：吸取 10 mL 磷标准储备液置于 250 mL 容量瓶中，加水定容至刻度，摇匀。1 mL 此溶液含有 4 μg 的磷。

3. 操作步骤

1）标准曲线的绘制

吸取 0.0、1.0、2.0、3.0、4.0、5.0、10.0 mL 的磷标准使用液，分别置于 7 个 50mL 锥形瓶中，各锥形瓶中分别含有 0、4、8、12、16、20、40 μg 磷。分别向 7 个锥形瓶中加水至 30 mL，混匀，用移液管向锥形瓶中依次加入 4 mL 钼酸铵溶液、2 mL 抗坏血酸溶液，加完后立即混匀。将 7 个锥形瓶置于沸水浴中 10 min，之后立刻转至冷水浴中冷却至室温。定量地将锥形瓶内的溶液转入 50 mL 容量瓶中，加水至刻度，摇匀。以未加磷标准使用液的溶液为空白，用分光光度计在 825 nm 波长下测定吸光度，以磷的微克数对吸光度绘制标准曲线。

2）样品溶液的制备

根据样品中磷含量估计值按表 11-1 准确称取一定量的样品（精确至 0.000 2 g），使样品所测得的吸光度为 0.1~0.7。

表 11-1　样品量、稀释体积和测定体积的选择

磷含量估计值（质量分数，%）	样品量 /g	稀释体积 /mL	测定体积 /mL
<0.05	0.500	100	25
0.05~0.10	0.500	100	10
0.10~0.25	0.500	100	2
0.25~0.50	0.500	200	2
0.50~1.00	0.250	250	2
1.00~2.00	0.125	250	2
2.00~5.00	0.125	500	2

将样品倒入消化瓶中，加入 15 mL 硫酸 - 硝酸混合溶液和适量的玻璃珠（以防暴沸），混合均匀，缓慢加热至液体微沸，继续煮沸至棕色气体变为白色，液体变为透明为止。若溶液出现深暗色且不褪去，则在继续蒸煮的同时，逐滴加入硝酸使暗色消失，待冷却后，加入 10 mL 水并加热至瓶内再次出现白色气体为止，以除去过量的硝酸。将溶液冷却，加入 45 mL 水，用氢氧化钠溶液调节溶液 pH=7。将溶液定量地转入容积适当的容量瓶（根据样品量按表 11-1 选择的稀释体积选择）内，加水至刻度，充分摇匀。

3）样品的测定

根据样品量，按表 11-1 选择的测定体积吸取样品溶液置于 50 mL 锥形瓶中，以后按标准曲线的绘制步骤来操作。从标准曲线上读取相应磷的微克数。

用水代替样品进行空白测定，样品平行测定两次。

4. 结果计算

样品中磷含量的计算公式为

$$X=\frac{(m_1-m_2)V_0}{m_0V_1\times10^6}\times100\%$$

式中 X——样品中磷的质量分数；

m_1——从标准曲线上确定的样品液中磷的质量，μg；

m_2——空白溶液中磷的质量，μg；

V_0——样品溶液的稀释体积，mL；

m_0——样品的质量，g；

V_1——用于测定的样品溶液体积，mL。

取平行测定的算术平均值作为测定结果。当磷的质量分数大于 0.2% 时，平行测定结果的绝对差值不应超过算术平均值的 2%；当磷的质量分数小于 0.2% 时，绝对差值不能超过 0.004%。

实训任务二　镍含量的测定

测定粮油及其制品中镍含量的方法有丁二肟比色法和原子吸收分光光度法。

（一）丁二肟比色法

1. 原理

在碱性介质中，在氧化剂存在的情况下，镍与丁二肟生成酒红色配位化合物，其颜色的深浅与溶液中镍的含量成正比。

2. 仪器与试剂

1）仪器

所用仪器为可见分光光度计。

2）试剂

（1）500 g/L 酒石酸钠溶液。

（2）100 g/L 氢氧化钠溶液。

（3）50 g/L 过硫酸铵溶液。

（4）10 g/L 丁二肟乙醇溶液。

（5）盐酸溶液（1+1）。

（6）镍标准储备液：准确称取金属镍 1.000 0 g，溶于硝酸溶液（1+3）中，冷却后加水稀释至 1 000 mL。此溶液每毫升相当于 1.0 mg 镍。

（7）镍标准使用液：临用时，将镍标准储备液用水逐次稀释［其中加 2 mL 盐酸溶液（1+1）］，配制成每毫升相当于 10 μg 镍的标准溶液。

3. 操作步骤

1）样品处理

准确称取均匀样品 10.0 g 置于瓷坩埚中，用小火炭化后移入 550 ℃高温炉中炭化成白色灰烬，冷却，加入 5 mL 盐酸溶液（1+1）溶解残渣，用水转移至 50 mL 容量瓶中，加水稀释至刻度，摇匀。同时做一空白试验。

2）标准曲线的绘制

准确吸取镍标准使用液 0.0、0.5、1.0、1.5、2.0、2.5 mL，分别移入 25 mL 比色管中，用 100 g/L 氢氧化钠溶液调节至中性后，加入 5 mL 500 g/L 酒石酸钠溶液、2 mL 100 g/L 氢氧化钠溶液（这时溶液的 pH 值为 13 左右）、5 mL 50 g/L 过硫酸铵溶液，摇匀，加入 3 mL 10 g/L 丁二肟乙醇溶液，振摇后加水至刻度，摇匀，置于 37 ℃恒温保持 30 min，取出（若有氢氧化钠沉淀，则可离心后比色），于 530 nm 处分别测定其吸光度，绘制标准曲线。

3）样品的测定

根据样品溶液中镍的含量，准确吸取 5~10 mL 样品溶液于 25 mL 比色管中，按绘制标准曲线中的方法进行操作，根据测得的吸光度从标准曲线中查出镍的含量。

4. 结果计算

样品中镍含量的计算公式为

$$X=\frac{(m_1-m_0)\times 1\,000}{m\times \frac{V_2}{V_1}\times 1\,000}$$

式中　X——样品中镍的含量，mg/kg；

m_1——测定用样品消化液中镍的质量，μg；

m_0——试剂空白液中镍的质量，μg；

m——样品质量,g;

V_1——样品消化液的总体积,mL;

V_2——测定用样品消化液的体积,mL。

(二)原子吸收分光光度法

1. 原理

样品经消化处理后,导入原子吸收分光光度计的石墨炉中,经电热原子化后,吸收 232 nm 的共振线,其吸光度与镍含量成正比,与标准系列比较定量。

2. 仪器与试剂

1)仪器与用具

(1)原子吸收分光光度计(附石墨炉及镍空心阴极灯)。

(2)压力消化罐(容量 100 mL)。

(3)实验室常用设备。

2)试剂

(1)硝酸(优级纯)。

(2)硝酸溶液(1+1):量取 50 mL 硝酸,加水稀释至 100 mL。

(3)0.5 moL/L 硝酸溶液。

(4)过氧化氢。

(5)镍标准储备液:准确称取 1.000 0 g 镍粉(质量分数不低于 99.99%),溶于 30 mL 硝酸溶液(1+1)中,加热溶解,冷却后移入 1 000 mL 容量瓶中,加水稀释至刻度。此溶液每毫升相当于 1.0 mg 镍。

(6)镍标准使用液:临用时,将镍标准储备液用 0.5 mol/L 硝酸溶液逐次稀释,配制成每毫升相当于 20 μg 镍的标准溶液。

3. 操作步骤

1)样品处理

将粮食和豆类去杂物、尘土等,碾碎,过 30 目筛,储于聚乙烯瓶中,保存备用。

(1)湿法消化。称取干样 0.3~0.5 g(精确至 0.001 g),置于 150 mL 锥形瓶中,加 15 mL 硝酸,瓶口加一小漏斗,放置过夜。次日,将其置于铺有沙子的电热板上加热,待剧烈反应后,取下稍冷后,缓缓加入 2 mL 过氧化氢,继续加热消化。反复补加过氧化氢或适量硝酸,直至不再产生棕色气体,再加 25 mL 去离子水,煮沸除去多余的硝酸。重复处理两次,待溶液接近 1~2 mL 时取下冷却。将消化液移入 10 mL 容量瓶中,用水分次洗涤烧瓶,定容至刻度,摇匀。同时做试剂空白试验。

(2)高压消化。称取干样 0.2~1.0 g(精确至 0.001 g),置于聚四氟乙烯塑料罐内,加 5 mL 硝酸,放置过夜。次日,加 7 mL 过氧化氢,盖上内盖,放入不锈钢外套内,将不锈钢外盖和外套旋紧密封,放入恒温箱,在 120 ℃保温 2~3 h,至消化完全后,自然冷却至室温。将消化液移入 25 mL 容量瓶中，用少量水多次洗涤消化罐，将洗液并入容量瓶中，定容至刻度，摇匀。同时做试剂空白试验。

2）测定

（1）镍标准系列溶液的制备：分别吸取镍标准使用液 0.0、0.5、1.0、2.0、3.0、4.0 mL 置于 10 mL 容量瓶中，用 0.5 mol/L 硝酸溶液稀释至刻度，摇匀。

（2）仪器条件：将原子吸收分光光度计调试至测镍最佳状态。

参考条件：波长 232.0 nm；狭缝 0.15 nm；灯电流 4 mA；干燥温度 150 ℃，保持 20 s；灰化温度 1 050 ℃，保持 20 s；原子化温度 2 650 ℃，保持 4 s；进行氘灯或塞曼背景校正；进样量 20 μL。

（3）样品测定：将镍标准系列溶液按次序分别注入石墨炉中进行测定，得到吸光度，绘制标准曲线。

将试剂空白溶液、样品溶液分别注入石墨炉中，测得其吸光度，从标准曲线上查出试剂空白溶液和样品溶液中镍的含量。

4. 结果计算

样品中镍含量的计算公式为

$$X=\frac{(c-c_0)V\times 1\,000}{m\times 1\,000}$$

式中　X——样品中镍的含量，μg/kg；

c——测定用样品溶液中镍的含量，ng/mL；

c_0——试剂空白液中镍的含量，ng/mL；

m——样品质量，g；

V——样品定容体积，mL。

实训任务三　汞含量的测定

测定粮油及其制品中汞含量的方法有双硫腙比色法和原子吸收分光光度法。

（一）双硫腙比色法

1. 原理

原料样品经消化后，汞离子在酸性溶液中可与双硫腙生成橙色配位化合物，溶于三氯甲烷，与标准系列比较定量。

1. 仪器与试剂

1）仪器

所用仪器有消化装置、可见光分光光度计等。

2）试剂

（1）硫酸。

（2）1 mol/L 硫酸：量取 5 mL 硫酸，缓缓倒入 150 mL 水中，冷却后加水至 180 mL。

（3）硫酸溶液（1+19）：量取 5 mL 硫酸，缓缓倒入 90 mL 水中，冷却后加水至 100 mL。

（4）200 g/L 的盐酸羟胺溶液。

（5）50 g/L 的高锰酸钾溶液。

（6）氨水。

（7）溴麝香草酚蓝指示液（质量分数为 0.1% 的乙醇溶液）。

（8）200 g/L 的盐酸羟胺溶液（向溶液吹清洁空气，可使含有的微量汞挥发，从而将其除去）。

（9）三氯甲烷（不应含有氧化物）。

（10）双硫腙溶液：将质量分数为 0.05% 的三氯甲烷溶液，保存于冰箱中，必要时进行纯化。称取 0.5 g 研细的双硫腙，溶于 50 mL 三氯甲烷中，若不全溶，则可用滤纸将其过滤于 250 mL 分液漏斗中，用氨水（1+99）提取 3 次，每次提取 100 mL，将提取液用棉花过滤至 500 mL 分液漏斗中，用 6 mol/L 盐酸将溶液调至酸性，将沉淀出的双硫腙用三氯甲烷提取 2~3 次，每次提取 20 mL，合并三氯甲烷层，用等量水洗涤两次，弃去洗涤液，在 50 ℃水浴上蒸去三氯甲烷。将精制的双硫腙置于硫酸干燥器中，干燥备用，或将沉淀出的双硫腙用 200、200、100 mL 三氯甲烷分别提取 3 次，合并三氯甲烷层为双硫腙溶液。

（11）双硫腙使用液：吸取 1.0 mL 双硫腙溶液，加三氯甲烷至 10 mL，混匀。用 1 cm 比色皿，以三氯甲烷调节零点，于 510 nm 处测吸光度（A），用下式计算出配制 100 mL 双硫腙使用液（70% 透光率）所需双硫腙溶液的毫升数（V）。

$$V=\frac{10\times(2-\lg 70)}{A}=\frac{1.55}{A}$$

（12）汞标准溶液：准确称取 0.135 4 g 经干燥器干燥过的氯化汞，加 1 mol/L 硫酸使其溶解后，移入 100 mL 容量瓶中，并稀释至刻度。此溶液每毫升相当于 1 mg 汞。

（13）汞标准使用液：吸取 1.0 mL 汞标准溶液，置于 100 mL 容量瓶中，加 1 mol/L 硫酸稀释至刻度。此溶液每毫升相当于 10 μg 汞。再吸取此液 5.0 mL 于 50 mL 容量瓶中，加 1 mol/L 硫酸稀释至刻度，此溶液每毫升相当于 1 μg 汞。

3. 操作步骤

1）样品的处理

（1）粮食。称取 20 g 样品，置于消化装置锥形瓶中，加玻璃珠数粒及 80 mL 硝酸、15 mL 硫酸，转动锥形瓶，防止局部炭化。装上冷凝管后，用小火将其加热，待液体开始发泡时即停止加热，发泡停止后加热回流 2 h。若在加热过程中溶液变棕色，则再加 5 mL 硝酸，继续回流 2 h，放冷，用适量水洗涤冷凝管，将洗液并入消化液中，取下锥形瓶，加水至总体积为 150 mL。

（2）植物油及动物油脂。称取 10 g 样品，置于消化装置锥形瓶中，加玻璃珠数粒及 15 mL 硫酸，小心混匀至溶液变棕色，然后加入 45 mL 硝酸；装上冷凝管后，用小火加热，后面步骤同粮食的处理步骤。

（3）薯类、豆制品。称取 50 g 捣碎、混匀的样品，置于消化装置锥形瓶中，加玻璃珠数粒及 45 mL 硝酸、15 mL 硫酸，转动锥形瓶，防止局部炭化；装上冷凝管后，用小火加热，后面步骤同粮食的处理步骤。

取与消化样品相同量的硝酸、硫酸，按同一方法做试剂空白试验。

2）测定

取上述样品消化液（全量），加 20 mL 水，在电炉上煮沸 10 min，除去二氧化氮等气体，放冷。

在样品消化液及试剂空白液中各加 50 g/L 高锰酸钾溶液至溶液呈紫色，然后再加 200 g/L 盐酸羟胺溶液使紫色褪去，加 2 滴溴麝香草酚蓝指示液，用氨水调节 pH 值，使橙红色变为橙黄色（pH=1~2），将溶液定量转移至 125 mL 分液漏斗中。

吸取 0.0、0.5、1.0、2.0、3.0、4.0、5.0、6.0 mL 汞标准使用液（相当于 0.0、0.5、1.0、2.0、3.0、4.0、5.0、6.0 μg 汞），分别置于 125 mL 分液漏斗中，加 10 mL 硫酸溶液（1+19），再加水至 40 mL，混匀，然后各加 1 mL 200 g/L 盐酸羟胺溶液，放置 20 min，并时时振摇。

于样品消化液、试剂空白液及标准液振摇放冷后的分液漏斗中加 5.0 mL 双硫腙使用液，剧烈振摇 2 min，静置待分层后，经脱脂棉将三氯甲烷层滤入 1 cm 比色皿中，以三氯甲烷调节零点，在波长 490 nm 处测吸光度，用标准管吸光度减去零管吸光度，绘制成标准曲线。

4. 结果计算

样品中汞含量的计算公式为

$$X=\frac{(m_1-m_0)\times 1\,000}{m\times 1\,000}$$

式中　X——样品中汞的含量，mg/kg；

m_1——样品消化液中汞的质量，μg；

m_0——试剂空白液中汞的质量，μg；

m——样品质量，g。

（二）原子吸收分光光度法

1. 原理

汞原子蒸气对波长为 253.7 nm 的共振线具有强烈的吸收作用。样品经硝酸 - 酸或硝酸-酸-氧化二钒消化，使汞转为离子状态，再在强酸性条件下用氯化亚锡将其还原成元素汞，然后以氮气或干燥的清洁空气作为载气，将汞蒸气吹出，进行原子吸收分光光度法测定，与标准系列比较定量。

2. 仪器与试剂

1）仪器与用具

所需仪器有消化装置、测汞仪、汞蒸气发生器、抽气装置等。

2）试剂

（1）硝酸。

（2）硫酸。

（3）300 g/L 氯化亚锡溶液：称取 30 g 氯化亚锡（$SnCl_2$），加少量水，再加 2 mL 硫酸使其溶解，加水稀释至 100 mL，放置在冰箱中保存。

（4）无水氯化钙（干燥）。

（5）5 mol/L 混合酸溶液：量取 10 mL 硫酸，再加入 10 mL 硝酸，缓慢倒入 50 mL 水中，待冷却后加水稀释至 100 mL。

（6）五氧化二钒。

（7）50 g/L 高锰酸钾溶液：溶液配好后煮沸 10 min，静置过夜，过滤后储存于棕色瓶中。

（8）200 g/L 盐酸羟胺溶液。

（9）汞标准溶液：准确称取 0.135 4 g 在干燥器中干燥过的氯化汞，加 5 mol/L 混合酸溶解后，移入 100 mL 容量瓶中，并稀释至刻度，混匀。此溶液每毫升相当于 1 mg 汞。

（10）汞标准使用液：吸取 1.0 mL 汞标准溶液，置于 100 mL 容量瓶中，加 5 mol/L 混合酸稀释至刻度。此溶液每毫升相当于 10 μg 汞。再吸取此液 1.0 mL，置于 100 mL 容量瓶中，加 5 mol/L 混合酸稀释至刻度。此溶液每毫升相当于 0.1 μg 汞，临用时现配。

3. 操作步骤

1）样品的处理

（1）粮食。称取 10 g 样品，置于消化装置锥形瓶中，加玻璃珠数粒，加 45 mL 硝酸、10 mL 硫酸，转动锥形瓶防止局部炭化。装上冷凝管后，用小火加热，待液体开始发泡时即停止加热，发泡停止后加热回流 2 h。若在加热过程中溶液变棕色，则再加 5 mL 硝酸，继续回流 2 h，放冷后从冷凝管上端小心加 20 mL 水，继续加热回流 10 min，放冷。用适量水冲洗冷凝管，将洗液并入消化液中，再将消化液经玻璃棉过滤于 100 mL 容量瓶内，用少量水洗锥形瓶、滤器，将洗液并入容量瓶内，加水至刻度，混匀。

（2）植物油及动物油脂。称取 5.0 g 样品，置于消化装置锥形瓶中，加玻璃珠数粒和 7 mL 硫酸，小心混匀至溶液颜色变为棕色，再加入 40 mL 硝酸。装上冷凝管，用小火加热，后面步骤同粮食的处理步骤。

（3）薯类、豆制品。称取 20 g 捣碎混匀的样品（薯类必须预先洗净晾干），置于消化装置锥形瓶中，加玻璃珠数粒，再加入 30 mL 硝酸和 5 mL 硫酸，转动锥形瓶防止局部炭化。装上冷凝管，小火加热，后面步骤同粮食的处理步骤。

取与消化样品用量相同的硝酸、硫酸，按同一方法做试剂空白试验。

2）测定

吸取 10.0 mL 样品消化液，置于汞蒸气发生器内，连接抽气装置，沿壁迅速加入 2 mL 300 g/L 氯化亚锡溶液，立即通入流速为 1.5 L/min 的氮气或经活性炭处理的空气，使汞蒸气通过氯化钙干燥管进入测汞仪中，读取测汞仪上的最大读数，同时做试剂空白试验。

吸取 0.00、0.10、0.20、0.30、0.40、0.50 mL 汞标准使用液（相当于 0.00、0.01、0.02、0.03、0.04、0.05 μg 汞）置于试管中，各加 10 mL 5 mol/L 混合酸，置于汞蒸气发生器内，连接抽气装置，然后沿壁迅速加入 2 mL 300 g/L 氯化亚锡溶液，立即通入流速为 1.5 L/min 的氮气或经活性炭处理的空气，使汞蒸气通过氯化钙干燥管进入测汞仪中，读取测汞仪上的最大读数，绘制标准曲线。

4. 结果计算

样品中汞含量的计算公式为

$$X=\frac{(m_1-m_0)\times 1\ 000}{m\times \frac{V_2}{V_1}\times 1\ 000}$$

式中　X——样品中汞的含量，mg/kg；

m_1——测定用样品消化液中汞的质量，μg；

m_0——试剂空白液中汞的质量，μg；

m——样品质量，g；

V_1——样品消化液的总体积，mL；

V_2——测定用样品消化液的体积，mL。

5. 注意事项

（1）测定痕量汞时，要注意试剂（尤其是盐酸）、滤纸、橡胶管上都可能含有少量汞，玻璃仪器在中性溶液中也很容易吸附汞，这些都会使测定结果不准确。因此，所用的玻璃仪器必须用硝酸溶液（1+5）浸泡过夜，再用水反复冲洗，最后用去离子水冲洗干净。

（2）汞极易挥发，在消化样品时必须使汞保持氧化态，因此硝酸溶液应过量，以避免汞挥发损失。测定汞时一般不采用灰化法消化样品。

（3）本法测定汞的最低检出含量为 0.4 μg/kg，允许的相对误差小于 20%，适用于食品中汞含量的测定。

实训任务四　铅含量的测定

测定粮油及其制品中铅含量的方法有双硫腙比色法和原子吸收分光光度法。

（一）双硫腙比色法

1. 原理

样品经消化后，在 pH=8.5~9.0 时，铅离子与双硫腙生成红色配位化合物，溶于三氯甲烷，加入柠檬酸铵、氰化钾和盐酸羟胺等，防止铁、铜、锌等离子干扰，然后与标准系列比较定量。

2. 仪器与试剂

1）仪器与用具

（1）所用玻璃仪器均用 10%~20%（体积分数）的硝酸浸泡 24 h 以上，用自来水反复冲洗，最后用水冲洗干净。

（2）可见分光光度计。

2）试剂

（1）氨水（1+1）。

（2）6 mol/L 盐酸：量取 100 mL 盐酸，加水稀释至 200 mL。

（3）酚红指示液（1 g/L 乙醇溶液）。

（4）200 g/L 盐酸羟胺溶液：称取 20 g 盐酸羟胺，加水溶解至约 50 mL，加 2 滴酚红指示液，加氨水（1+1），调 pH 值至 8.5~9.0（溶液由黄变红，再多加 2 滴），用双硫腙 - 三氯甲烷溶液提取至三氯甲烷层的绿色不变为止，再用三氯甲烷洗两次，弃去三氯甲烷层，向水层中加 6 mol/L 盐酸，使之呈酸性，加水稀释至 100 mL。

（5）200 g/L 柠檬酸铵溶液：称取 50 g 柠檬酸铵，溶于 100 mL 水中，加 2 滴酚酞指示液，加氨水（1+1），调 pH 值至 8.5~9.0，用双硫腙 - 三氯甲烷溶液提取数次，每次 10~20 mL，至三氯甲烷层绿色不变为止，弃去三氯甲烷层，再用三氯甲烷洗两次，每次 5 mL，弃去三氯甲烷层，加水稀释至 250 mL。

（6）100 g/L 氰化钾溶液。

（7）三氯甲烷（不应含氧化物）。

检查方法：量取 10 mL 三氯甲烷，加 25 mL 新煮沸过的水，振摇 3 min，静置分层后，取 10 mL 水，加数滴 150 g/L 碘化钾溶液及淀粉指示液，振摇后应不显蓝色。

处理方法：于三氯甲烷中加入 1/20~1/10 体积的 200 g/L 硫代硫酸钠溶液洗涤，

再用水洗，加入少量无水氯化钙脱水后进行蒸馏，弃去最初及最后的1/10馏出液，收集中间馏出液备用。

（8）淀粉指示液：称取0.5 g可溶性淀粉，加5 mL水搅匀后，慢慢倒入100 mL沸水中，边倒边搅拌，煮沸后放冷备用，应在临用时配制。

（9）硝酸溶液（1+99）：量取1 mL硝酸，加水稀释至100 mL。

（10）双硫腙溶液：将0.05%（质量分数）三氯甲烷溶液保存在冰箱中，纯化方法同本节双硫腙比色法测定汞时的纯化方法。

（11）双硫腙使用液：同实训任务三双硫腙比色法测定汞。

（12）铅标准溶液：准确称取0.159 8 g硝酸铅，加10 mL硝酸溶液（1+99），全部溶解后，移入100 mL容量瓶中，加水稀释至刻度。此溶液每毫升相当于1 mg铅。

（13）铅标准使用液：吸取1.0 mL铅标准溶液，置于100 mL容量瓶中，加水稀释至刻度。此溶液每毫升相当于10 μg铅。

3. 操作步骤

1）样品的处理

称取5.0 g样品，置于坩埚中，加热至炭化，然后移入高温炉中，500 ℃灰化3 h，放冷，取出坩埚，加1 mL硝酸，润湿灰分，用小火蒸干，在500 ℃灼烧1 h，放冷，取出坩埚，加1 mL硝酸溶液（1+1），加热，使灰分溶解，移入50 mL容量瓶中，用水洗涤坩埚，将洗液并入容量瓶中，加水至刻度，混匀备用。

2）测定

吸取10.0 mL消化后的定容溶液和同量的试剂空白液，分别置于125 mL分液漏斗中，各加水至20 mL。

吸取0.00、0.10、0.20、0.30、0.40、0.50 mL铅标准使用液（相当于0、1.0、2.0、3.0、4.0、5.0 μg铅）分别置于125 mL分液漏斗中，各加硝酸溶液（1+99）至20 mL。

向样品消化液、试剂空白液和铅标准溶液中各加2 mL 200 g/L柠檬酸铵溶液、1 mL 200 g/L盐酸羟胺溶液和2滴酚红指示液，用氨水（1+1）调至红色，再各加2 mL 100 g/L氰化钾溶液，混匀，然后各加5.0 mL双硫腙使用液，剧烈振摇1 min，静置分层后，将三氯甲烷层经脱脂棉滤入1 cm比色杯中，以零管调节零点，于510 nm处测吸光度，绘制标准曲线进行比较。

4. 结果计算

样品中铅含量的计算公式为

$$X=\frac{(m_1-m_0)\times 1\,000}{m\times\dfrac{V_2}{V_1}\times 1\,000}$$

式中 X——样品中铅的含量，mg/kg；

m_1——测定用样品消化液中铅的质量，μg；

m_0——试剂空白液中铅的质量，μg；

m——样品质量，g；

V_1——样品消化液的总体积，mL；

V_2——测定用样品消化液的体积，mL。

若用单色法，则可按上述步骤进行操作，但双硫腙－三氯甲烷层需用 100 g/L 的氰化钾溶液洗涤两次，每次用 10~20 mL，以洗去过剩的双硫腙，然后进行比色测定。

5. 注意事项

（1）氰化钾是剧毒药品，操作时不能用嘴吸，使用后要洗手。废氰化钾溶液不要与酸接触，以防产生氰化氢气体而使操作者中毒。向废氰化钾溶液中加氢氧化钠和硫酸亚铁，使它生成铁氰化钾，可降低毒性。

（2）该方法测定重金属的灵敏度很高，在分析之前对所用玻璃仪器先要用硝酸溶液（1+3）洗涤两次，再用水冲洗干净，然后用双硫腙－三氯甲烷使用液洗一次，残留在仪器中的微量双硫腙－三氯甲烷溶液不应改变颜色，否则说明玻璃仪器不洁净，应重新洗涤。

（3）双硫腙在空气中容易被氧化，氧化产物不溶于酸性或碱性水溶液，能溶解在三氯甲烷和四氯化碳中显黄色或棕色，对测定有干扰。所以要保证双硫腙的纯度和稳定性，应将双硫腙储存于棕色试剂瓶中密封后，放在干燥器中备用。

（4）铅与双硫腙相结合，其颜色变化过程为绿色→浅蓝色→浅灰色→灰色→淡紫色→紫色→淡红色→红色。

（二）原子吸收分光光度法

1. 原理

样品经处理后，铅离子在一定 pH 值条件下与二乙基二硫代氨基甲酸钠形成配位化合物，经 4- 甲基 -2- 戊酮萃取分离，导入原子吸收光谱仪中，火焰原子化后，吸收波长为 283.3 nm 的共振线，其吸收量与铅含量成正比，与标准系列比较定量。

2. 试剂与仪器

1）仪器与用具

（1）原子吸收光谱仪：有火焰原子化器。

（2）电阻炉。

（3）天平：分度值为 1 mg。

（4）干燥恒温箱。

（5）瓷坩埚。

（6）压力消解器、压力消解罐或压力溶弹。

（7）可调式电热板、可调式电炉。

2）试剂

（1）混合酸：硝酸－高氯酸溶液（9+1）。

（2）硫酸铵溶液（300 g/L）：称取 30 g 硫酸铵，用水溶解并稀释至 100 mL。

（3）柠檬酸铵溶液（250 g/L）：称取 25 g 柠檬酸铵，用水溶解并稀释至 100 mL。

（4）溴百里酚蓝水溶液（1 g/L）。

（5）二乙基二硫代氨基甲酸钠（DDTC）溶液（50 g/L）：称取 5 g 二乙基二硫代氨基甲酸钠，用水溶解并加水至 100 mL。

（6）氨水（1+1）。

（7）4- 甲基 -2- 戊酮（MIBK）。

（8）铅标准溶液：准确称取 1.000 g 金属铅（99.99%），分次加少量硝酸溶液（1+1）加热溶解，总量不超过 37 mL，移入 1 000 mL 容量瓶，加水至刻度，混匀。此铅标准储备液每毫升含 1.0 mg 铅。吸取铅标准储备液 1.0 mL 置于 100 mL 容量瓶中，加 0.5 mol/L 硝酸至刻度，该铅标准溶液的质量浓度为 10 μg/ mL。

（9）盐酸溶液（1+11）：取 10 mL 盐酸加入 110 mL 水中，混匀。

（10）磷酸溶液（1+10）：取 10 mL 磷酸加入 100 mL 水中，混匀。

3. 分析步骤

1）样品的处理

去除样品中的杂物及尘土，必要时除去外壳，碾碎，过 30 目筛，混匀，从中称取 5~10 g 样品（精确到 0.01 g），置于 50 mL 瓷坩埚中，用小火炭化，然后移入电阻炉中，在 500 ℃下灰化 16 h 后，取出坩埚，放冷后再加少量混合酸，用小火加热，不使其干涸，必要时再加少许混合酸。如此反复处理，直至残渣中无炭粒，待坩埚稍冷，加 10 mL 盐酸溶液（1+11），溶解残渣并移入 50 mL 容量瓶中，再用水反复洗涤坩埚，将洗液并入容量瓶中，并稀释至刻度，混匀备用。取与样品用量相同的混合酸和盐酸溶液（1+11），按同一操作方法做试剂空白试验。

2）萃取分离

视样品情况，吸取 25.0~50.0 mL 上述制备的样液及试剂空白液，分别置于 125 mL 分液漏斗中，补加水至 60 mL，加 2 mL 柠檬酸铵溶液、溴百里酚蓝水溶液 3~5 滴，用氨水（1+1）调 pH 值至溶液由黄变蓝，加硫酸铵溶液 10.0 mL、DDTC 溶液 10 mL，摇匀，放置 5 min 左右，加入 10.0 mL MIBK，剧烈振摇萃取 1 min，静置分层后，弃去水层，将 MIBK 层放入 10 mL 带塞刻度管中，备用。分别吸取铅标准溶液 0.00、0.25、0.50、1.00、1.50、2.00 mL（相当 0.0、2.5、5.0、10.0、15.0、20.0 μg 铅）置于 125 mL 分液漏斗中，采用与样品相同的方法萃取，测定吸光度，绘制标准曲线。

3)测定

将萃取液进样,可适当减小乙炔气的流量,测定样液吸光度,从标准曲线上查出样液中铅的含量。

仪器参考条件:空心阴极灯电流为 8 mA;共振线波长为 283.3 nm;狭缝长 0.4 nm;空气流量为 8 L/min;燃烧器高度为 6 mm。

4. 结果计算

样品中铅含量的计算公式为

$$X=\frac{(c_1-c_0)\times V_1\times 1\,000}{m\times \frac{V_3}{V_2}\times 1\,000}$$

式中 X——样品中铅的含量,mg/kg;

c_1——测定用样品中铅的含量,μg/ mL;

c_0——试剂空白液中铅的含量,μg/ mL;

m——试样质量,g;

V_1——样品萃取液的体积,mL;

V_2——样品处理液的总体积,mL;

V_3——测定用样品处理液的总体积,mL。

在重复性条件下获得的两次独立测定结果的绝对差值不得超过算术平均值的 20%。结果以两次测定结果的算术平均值表示,保留两位有效数字。

实训任务五　砷含量的测定

测定粮油及其制品中砷含量的方法有砷斑法和银盐法。

(一)砷斑法

1. 原理

样品经消化后,在酸性条件下,用碘化钾、氯化亚锡将五价砷还原为三价砷,再利用锌与酸作用产生的原子态氢,将三价砷还原为砷化氢。当砷化氢气体遇到溴化汞试纸时,会生成黄色至黄褐色的砷斑。砷斑颜色的深浅与砷含量成正比,可进行比色定量。同时,在测定过程中用乙酸铅试纸和乙酸铅棉花去除反应中生成的硫化氢气体,以消除干扰。

2. 仪器与试剂

1)仪器

所用仪器有砷斑测定器,如图 11-2 所示。

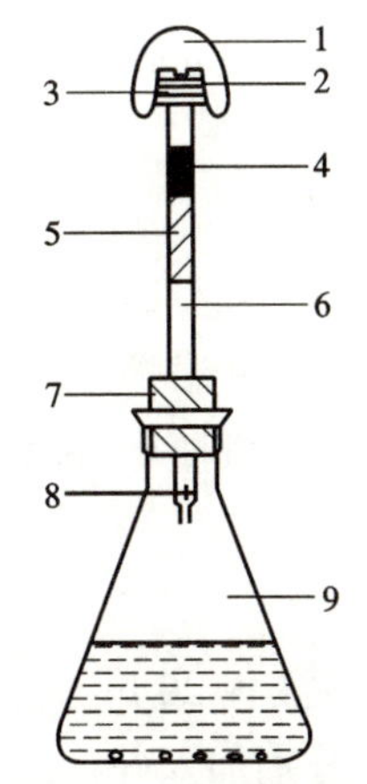

图 11-2　砷斑测定器

1—帽子；2—橡皮筋；3—溴化汞试纸；4—乙酸铅棉花；5—乙酸铅试纸；
6—砷测定管；7—橡胶塞；8—小孔；9—150 mL 锥形瓶

2）试剂

（1）50 g/L 溴化汞乙醇溶液。

（2）溴化汞试纸：将滤纸剪成直径为 2 cm 的圆片，浸泡在溴化汞乙醇溶液中，使用前取出，自然干燥后备用。

（3）400 g/L 酸性氯化亚锡溶液：称取 20 g 氯化亚锡（$SnCl_2$），溶于 12.5 mL 浓盐酸中，加水稀释至 50 mL，另加两颗锡粒于溶液中。

（4）100 g/L 乙酸铅溶液。

（5）乙酸铅棉花：将脱脂棉浸泡在 100 g/L 乙酸铅溶液中，1 h 后取出，并使之疏松，在 100 ℃烘箱内干燥，然后取出置于玻璃瓶中塞紧保存以备用。

（6）乙酸铅试纸：将普通滤纸浸泡在 100 g/L 乙酸铅溶液中，1 h 后取出，自然晾干，剪成条状（8 cm × 5 cm），置于瓶中保存备用。

（7）无砷锌粒。

（8）浓盐酸。

（9）200 g/L 碘化钾溶液。

（10）100 g/L 硝酸镁溶液。

（11）氧化镁。

（12）1 mol/L 氢氧化钠溶液。

（13）0.5 mol/L 硫酸溶液。

（14）砷标准溶液：准确称取预先在硫酸干燥器中干燥的三氧化二砷 0.132 0 g，溶于 10 mL 1 mol/L 氢氧化钠溶液中，加 0.5 mol/L 硫酸溶液 10 mL，将此溶液仔细地移入 1 000 mL 容量瓶中，加水稀释至刻度，摇匀。此溶液每毫升相当于 0.1 mg 砷。

使用时，可将此溶液稀释成每毫升含 1.0 μg 砷的标准溶液。

3. 操作步骤

1）样品的处理

准确称取 10 g 样品置于瓷坩埚中，加入 2 g 氧化镁、10 mL 100 g/L 硝酸镁溶液，在水浴上蒸干，用小火炭化后，在 550 ℃高温炉中灰化至白色灰烬，冷却，加入 10 mL 浓盐酸溶解残渣，用水移入 100 mL 容量瓶中，稀释至刻度，摇匀。同时做试剂空白试验。

2）测定

准确吸取样品溶液和试剂空白液各 20 mL，分别移入砷斑测定器的锥形瓶中。另取数套砷斑测定器，于锥形瓶中分别加入砷标准溶液（1.0 μg/ mL）0.0、1.0、2.0、3.0、4.0、5.0 mL。在各锥形瓶中加入 5 mL 200 g/L 碘化钾溶液和 2 mL 400 g/L 氯化亚锡溶液。在样品溶液和试剂空白液中再加入 13 mL 浓盐酸，在标准系列溶液中各加入 15 mL 浓盐酸，各加水至 45 mL，放置 10 min 后，加入 5 g 锌粒，迅速装上已装入溴化汞试纸、乙酸铅棉花和乙酸铅试纸的测砷管，在 25~30 ℃下避光放置 45 min，然后取出溴化汞试纸，将样品色斑和标准色斑比较，求出样品溶液和试剂空白液中砷的含量。

4. 结果计算

样品中砷含量的计算公式为

$$X=\frac{(m_1-m_0)\times 1\,000}{m\times \frac{V_2}{V_1}\times 1\,000}$$

式中 X——样品中砷的含量，mg/kg；

m_1——测定用样品消化液中砷的质量，μg；

m_0——试剂空白液中砷的质量，μg；

m——样品质量，g；

V_1——样品消化液的总体积，mL；

V_2——测定用样品消化液的体积，mL。

（二）银盐法

1. 原理

样品经消化后，用碘化钾、氯化亚锡将五价砷还原为三价砷，然后与锌和酸作用产生的新生态氢反应生成砷化氢，通过用乙酸铅溶液浸泡的棉花除去硫化氢后，与溶于三乙醇胺－三氯甲烷的二乙氨基二硫代甲酸银（AgD-DC）溶液作用，形成红色胶态物，与标准系列比较定量。

2. 仪器与试剂

1）仪器

（1）可见分光光度计。

（2）测砷装置，如图 11-3 所示。

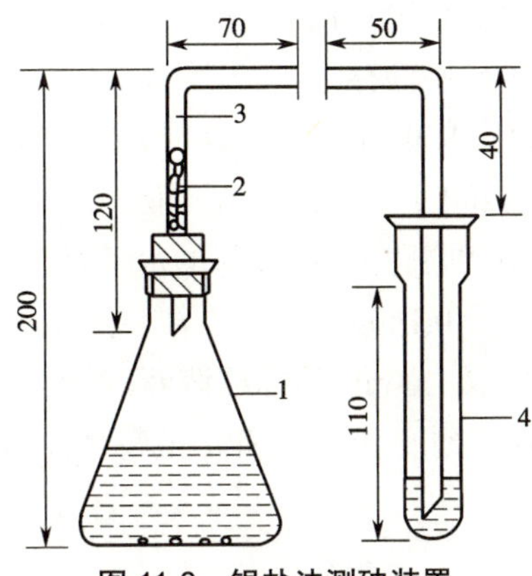

图 11-3　银盐法测砷装置

1—150 mL 锥形瓶；2—乙酸铅棉花；3—导气管；4—10 mL 刻度离心管

导气管的管口为 19 号标准口或经碱处理后洗净的橡胶塞（与锥形瓶密合时不应漏气），管的另一端管径为 1.0 mm。吸收管采用 10 mL 刻度离心管。

2）试剂

（1）硝酸。

（2）硫酸。

（3）盐酸。

（4）硝酸－高氯酸混合液（4+1）：量取 80 mL 硝酸，加入 20 mL 高氯酸，混匀。

（5）氧化镁。

（6）硝酸镁溶液：称取 15 g 硝酸镁 [$Mg(NO_3)_2\cdot6H_2O$]，溶于水中并稀释至 100 mL。

（7）150 g/L 碘化钾溶液（储存于棕色瓶中）。

（8）酸性氯化亚锡溶液：称取 40 g 氯化亚锡（$SnCl_2\cdot2H_2O$），加盐酸溶解，加水稀释至 100 mL，另加几颗锡粒于溶液中。

（9）6 mol/L 盐酸：量取 50 mL 盐酸，加水稀释至 100 mL。

（10）100 g/L 乙酸铅溶液。

（11）乙酸铅棉花：用 100 g/L 乙酸铅溶液浸透脱脂棉后，压除脱脂棉中的多余溶液，并使之疏松，在 100 ℃以下干燥，然后置于玻璃瓶中。

（12）无砷锌粒。

（13）200 g/L 氢氧化钠溶液。

（14）100 g/L 硫酸溶液：量取 5.7 mL 硫酸，缓缓加到 80 mL 水中，冷却后加水稀释至 100 mL。

（15）二乙氨基二硫代甲酸银 - 三乙醇胺 - 三氯甲烷溶液：称取 0.25 g 二乙氨基二硫代甲酸银置于乳钵中，加少量三氯甲烷研磨，移入 100 mL 量筒中，加入 1.8 mL 三乙醇胺，再用三氯甲烷分次洗涤乳钵，将洗液一并移入量筒中，用三氯甲烷稀释至 100 mL，放置过夜，滤入棕色瓶中储存。

（16）砷标准溶液：准确称取 0.132 0 g 在硫酸干燥器中干燥过的或在 100 ℃干燥 2 h 的三氧化二砷，加 5 mL 200 g/L 氢氧化钠溶液，溶解后加 25 mL 100 g/L 硫酸溶液，移入 1 000 mL 容量瓶中，加新煮沸后冷却的水稀释至刻度，摇匀，储存在棕色玻璃瓶中。此溶液每毫升相当于 0.1 mg 砷。

（17）砷标准使用液：吸取 1.0 mL 砷标准溶液，置于 100 mL 容量瓶中，加 1 mL 100 g/L 硫酸溶液，加水稀释至刻度，摇匀。此溶液每毫升相当于 1.0 μg 砷。

3. 操作步骤

1）样品的处理

（1）硝酸 - 高氯酸 - 硫酸法：适用于粮食、粉丝、粉条、豆干制品等。

首先称取 5.0 g 或 10.0 g 粉碎样品，置于 250~500 mL 定量瓶中，加少许水使之润湿，加数粒玻璃珠、10~15 mL 硝酸 - 高氯酸混合液，放置片刻，用小火缓缓加热，待作用缓和后，放置冷却。沿瓶壁加入 5 mL 或 10 mL 硫酸，再加热，至瓶中液体开始变成棕色时，不断沿瓶壁滴加硝酸 - 高氯酸混合液，至有机物分解完全。加大火力，至产生白烟，溶液应无色或微黄色澄清透明，放置冷却。在操作过程中应注意防止爆炸。

在上述溶液中加入 20 mL 水，煮沸，除去残余的硝酸，至产生白烟为止。如此处理 2 次，放置冷却。将其移入 50 mL 或 100 mL 容量瓶中，用水洗涤定氮瓶，将洗液并入容量瓶中，冷却后加水稀释至刻度，摇匀。此溶液 10 mL 相当于 1 g 样品，相当于加入 1 mL 硫酸。取与消化样品用量相同的硝酸 - 高氯酸混合液、硫酸，按同一方法做试剂空白试验。

（2）硝酸 - 硫酸法：以硝酸代替硝酸 - 高氯酸混合液，以后步骤按硝酸 - 高氯酸 - 硫酸法进行操作。

（3）灰化法：适用于粮食、植物油等。

①粮食。称取 5.0 g 磨碎样品，置于坩埚中，加 1 g 氧化镁和 10 mL 硝酸镁溶液，混匀后浸泡 4 h，于低温或水浴锅上蒸干，然后用小火炭化至无烟，转移至高温炉中，于 550 ℃灼烧 3~4 h，冷却后取出。加 5 mL 水湿润灰分，用玻璃棒搅拌，用少量水将附着在玻璃棒上的灰分洗至坩埚中，于水浴中蒸干后移入高温炉内，550 ℃灰化 2 h，冷却后取出。加 5 mL 水湿润灰分，慢慢加入 10 mL 6 mol/L 盐酸溶液，将溶液移入

50 mL 容量瓶中。坩埚用 6 mol/L 盐酸洗涤 3 次，每次用 5 mL，再用水洗涤 3 次，每次用 5 mL，将洗液均并入容量瓶中，加水至刻度，摇匀。此溶液 10 mL 相当于 1 g 样品，相当于加入盐酸（中和需要量除外）1.5 mL。此溶液全量用于银盐法测定时，不需要再加盐酸。取与消化样品用量相同的氧化镁和硝酸镁溶液，按同一操作方法做试剂空白试验。

②植物油。称取 5.0 g 样品，置于 50 mL 坩埚中，加入 10 g 硝酸镁，再在上面覆盖 2 g 氧化镁。将坩埚置于小火上加热至刚冒烟，立即取下坩埚，以防内容物溢出，待烟小后再加热至完全炭化。将坩埚移入高温炉，于 550 ℃灼烧至完全，冷却后取出。加 5 mL 水湿润灰分，慢慢加入 15 mL 6 mol/L 盐酸溶液，将溶液移入 50 mL 容量瓶中，坩埚用 6 mol/L 盐酸洗涤 5 次，每次用 5 mL，再用水洗涤 3 次，每次用 5 mL，将洗液均并入容量瓶中，加 6 mol/L 盐酸溶液至刻度，摇匀。此溶液 10 mL 相当于 1 g 样品，相当于加入盐酸（中和需要量除外）1.5 mL。取与消化样品用量相同的硝酸镁、氧化镁，按同一操作方法做试剂空白试验。

2）测定

（1）硝酸 - 高氯酸 - 硫酸法消化液或硝酸 - 硫酸法消化液。吸取一定量样品消化溶液（相当于 5 g 样品）及同量的空白溶液，分别置于 150 mL 锥形瓶中，补加硫酸至总量为 5 mL，加水至 50~55 mL。吸取 0.0、2.0、4.0、6.0、8.0、10.0 mL 砷标准使用液（相当于 0.0、2.0、4.0、6.0、8.0、10.0 μg 砷），分别置于 150 mL 锥形瓶中，加水稀释至 40 mL，再加 10 mL 硫酸溶液（1+1）。

在样品消化液、空白溶液和砷标准使用液中各加 3 mL 150 g/L 碘化钾溶液和 0.5 mL 酸性氯化亚锡溶液，混匀，静置 15 min，然后各加 3 g 锌粒，立即分别塞上装有乙酸铅棉花的导气管，使管尖端插入盛有 4 mL 银盐溶液的离心管的液面下，在常温下反应 45 min 后，取下离心管，加三氯甲烷补足 4 mL。用 1 cm 比色皿，以零管调节零点，于 520 nm 处测定其吸光度，绘制标准曲线进行比较定量。

（2）灰化法消化液。取灰化消化液和空白溶液分别置于 150 mL 锥形瓶中，然后吸取 0.0、2.0、4.0、6.0、8.0、10.0 mL 砷标准使用液（相当于 0.0、2.0、4.0、6.0、8.0、10.0 μg 砷）分别置于 150 mL 锥形瓶中，加水稀释至 43.5 mL，再加 6.5 mL 盐酸。

在灰化消化液、空白溶液和砷标准使用液中各加 3 mL 150 g/L 碘化钾溶液和 0.5 mL 酸性氯化亚锡溶液，混匀，静置 15 min，然后各加 3 g 锌粒，立即分别塞上装有乙酸铅棉花的导气管，使管尖端插入盛有 4 mL 银盐溶液的离心管的液面下，在常温下反应 45 min 后，取下离心管，加三氯甲烷补足 4 mL。用 1 cm 比色皿，以零管调节零点，于 520 nm 处测定其吸光度，绘制标准曲线进行比较定量。

4. 结果计算

样品中砷含量的计算公式为

$$X=\frac{(m_1-m_0)\times 1\,000}{m\times \frac{V_2}{V_1}\times 1\,000}$$

式中 X——样品中砷的含量,mg/kg 或 mg/L;

m_1——测定用样品消化液中砷的质量,μg;

m_0——试剂空白液中砷的质量,μg;

m——样品质量,g 或 mL;

V_1——样品消化液的总体积,mL;

V_2——测定用样品消化液的体积,mL。

5. 注意事项

(1)砷化氢气体有毒,操作时要防止其逸出,实验环境应通风良好。

(2)测定结果除受酸的用量影响外,还受锌粒大小的影响,若锌粒太小,则反应会太激烈。

(3)反应温度应控制在 25 ℃左右,以免反应过激或过缓。

(4)氯化亚锡除起还原作用(将 As^{5+} 还原为 As^{3+})外,还有在还原反应中生成碘、在锌粒表面沉积形成锡层以抑制氢气的生成速度、抑制某些元素(如锑)的干扰等作用。

(5)该方法测定砷的最低检出含量为 0.2 mg/kg,允许的相对误差小于 10%,适用于测定食品中砷的含量。

实训项目五　粮油及其制品检验技能训练

实训任务一　方便面中铅含量的测定

1. 仪器与试剂

1)仪器

所用仪器有可见分光光度计。所用玻璃仪器均用体积分数为 10%~20% 的硝酸溶液浸泡 24 h 以上,用自来水反复冲洗,最后用水冲洗干净。

2)试剂

氨水(1+1)、6 mol/L 盐酸、酚红指示液(质量分数为 0.1% 的乙醇溶液)、200 g/L 盐酸羟胺溶液、200 g/L 柠檬酸铵溶液、100 g/L 氰化钾溶液、三氯甲烷、淀粉指示液、硝酸溶液(1+99)、双硫腙溶液(质量分数为 0.05% 的三氯甲烷溶液)、双硫腙使用液、铅标准溶液(每毫升相当于 1 mg 铅)、铅标准使用液(每毫升相当于 10 μg 铅)。

2. 操作步骤

称取 5.0 g 研碎的方便面,置于坩埚中,加热至炭化,然后移入高温炉中, 500 ℃

灰化 3 h，放冷，取出坩埚，加 1 mL 硝酸，润湿灰分，用小火蒸干，在 500 ℃灼烧 1 h，放冷，取出坩埚，加 1 mL 硝酸溶液（1+1），加热，使灰分溶解，移入 50 mL 容量瓶中，用水洗涤坩埚，将洗液并入容量瓶中，加水至刻度，混匀备用。

吸取 10.0 mL 消化后的定容溶液和同量的试剂空白液，分别置于 125 mL 分液漏斗中，各加水至 20 mL。吸取 0.00、0.10、0.20、0.30、0.40、0.50 mL 铅标准使用液（相当 0.0、1.0、2.0、3.0、4.0、5.0 μg 铅），分别置于 125 mL 分液漏斗中，各加体积分数为 1% 的硝酸溶液至 20 mL。

于样品消化液、试剂空白液和铅标准溶液中各加 2 mL 200 g/L 柠檬酸铵溶液、1 mL 200 g/L 盐酸羟胺溶液和 2 滴酚红指示液，用氨水（1+1）调至红色，再各加 2 mL 100g/L 氰化钾溶液，混匀，然后各加 5.0 mL 双硫腙使用液，剧烈振摇 1 min，静置分层后，三氯甲烷层经脱脂棉滤入 1 cm 比色杯中，以零管调节零点，于 510 nm 处测吸光度，绘制标准曲线。

平行测定两次，两次测定的结果之差不得超过平均值的 20%。

3. 数据记录及处理

1）数据记录

将铅含量测定的相关数据填入表 11-2 中。

表 11-2　铅含量测定数据记录

	标准溶液						样品溶液		空白溶液
样品质量 /g	—								—
配制样品溶液的体积 /mL	—						50	50	—
吸取样品溶液的体积 /mL	—						10	10	—
吸取铅标准溶液的体积 /mL	0.00	0.10	0.20	0.30	0.40	0.50	—	—	—
各显色液中铅的质量 /μg	0.0	1.0	2.0	3.0	4.0	5.0			
测得各显色液的吸光度 *A*									

2）测定

根据空白溶液和各样品显色液的吸光度，从标准曲线上查出空白溶液和各样品显色液中铅的质量。

3）结果计算

$$X_{Pb}=\frac{(m_{显色液}-m_{空白})\times 1\,000}{m_{样品}\times \frac{10}{50}\times 1\,000}$$

式中　X_{Pb}——样品中铅的含量，mg/kg；

$m_{显色液}$——从标准曲线上查的样品显色液中铅的质量，μg；

$m_{空白}$——从标准曲线上查的空白溶液中铅的质量，μg；

$m_{样品}$——样品质量，g；

50——样品消化液的总体积，mL；

10——测定用样品消化液的体积，mL。

计算平行测定结果的平均值和两次测定结果之差与平均值的百分比。

实训任务二　淀粉中汞含量的测定

1. 仪器与试剂

1)仪器

所用仪器有消化装置、测汞仪、汞蒸气发生器、抽气装置等。

2)试剂

所用试剂有硝酸、硫酸、300 g/L 氯化亚锡溶液、无水氯化钙、5 mol/L 混合酸溶液、五氧化二钒、50 g/L 高锰酸钾溶液、200 g/L 盐酸羟胺溶液、汞标准溶液(每毫升相当于 1 mg 汞)、汞标准使用液(每毫升相当于 0.1 μg 汞)。

2. 操作步骤

称取 10 g 淀粉，置于消化装置锥形瓶中，加玻璃珠数粒，加 45 mL 硝酸、10 mL 硫酸，转动锥形瓶防止局部炭化。装上冷凝管后，用小火加热，待开始发泡时即停止加热，发泡停止后，热回流 2 h。若加热过程中溶液变棕色，则再加 5 mL 硝酸，继续回流 2 h，放冷后从冷凝管上端小心加入 20 mL 水，继续加热回流 10 min，放冷，用适量水冲洗冷凝管，将洗液并入消化液中，将消化液经玻璃棉过滤于 100 mL 容量瓶内，用少量水洗锥形瓶、滤器，将洗液并入容量瓶内，加水至刻度，混匀。

吸取 10.0 mL 样品消化液置于汞蒸气发生器内，连接抽气装置，沿壁迅速加入 2 mL 300 g/L 氯化亚锡溶液，立即通入流速为 1.5 L/min 的氮气或经活性炭处理的空气，使汞蒸气通过氯化钙干燥管进入测汞仪中，读取测汞仪上的最大读数，同时做试剂空白试验。

吸取 0.00、0.10、0.20、0.30、0.40、0.50 mL 汞标准使用液(相当于 0.00、0.01、0.02、0.03、0.04、0.05 μg 汞)置于试管中，各加 10 mL 5 mol/L 混合酸，置于汞蒸气发生器内，连接抽气装置，沿壁迅速加入 2 mL 300 g/L 氯化亚锡溶液，立即通入流速为 1.5 L/min 的氮气或经活性炭处理的空气，使汞蒸气通过氯化钙干燥管进入测汞仪中，读取测汞仪上的最大读数，绘制标准曲线。

平行测定两次，两次测定的结果之差不得超过平均值的 20%。

3. 数据记录及处理

1）数据记录

汞含量测定的相关数据记录于表 11-3 中。

表 11-3　汞含量测定数据记录表

	标准溶液						样品溶液		空白溶液
样品质量 /g	—								—
配制样品溶液的体积 /mL	—						100	100	—
吸取样品溶液的体积 /mL	—						10	10	—
吸取汞标准溶液的体积 /mL	0.00	0.10	0.20	0.30	0.40	0.50	—	—	—
各测定液中汞的质量 /μg	0.00	0.01	0.02	0.03	0.04	0.05			
各测定液在测汞仪上的最大读数									

2）测定

根据空白溶液和各样品测定液在测汞仪上的最大读数，从标准曲线上查出空白溶液和各样品测定液中汞的质量。

3）结果计算

$$X_{Hg}=\frac{(m_{测定液}-m_{空白})\times 1\,000}{m_{样品}\times \frac{10}{100}\times 1\,000}$$

式中　X_{Hg}——样品中汞的含量，mg/kg；

$m_{测定液}$——从标准曲线上查的样品测定液中汞的质量，μg；

$m_{空白}$——从标准曲线上查的空白溶液中汞的质量，μg；

$m_{样品}$——样品质量，g；

100——样品消化液的总体积，mL；

10——测定用样品消化液的体积，mL。

计算平行测定结果的平均值和两次测定结果之差与平均值的百分比。

实训任务三　面粉中磷含量的测定

1. 仪器与试剂

1）仪器与用具

所用仪器与用具有容量瓶、锥形瓶、移液管、消化瓶、电热恒温干燥箱、干燥器、分析天平、可见分光光度计（波长可调至 825 nm，配有 1 cm 比色皿）。

2）试剂

所用试剂有硫酸 - 硝酸混合液、50 g/L 抗坏血酸溶液、钼酸铵溶液、10 mol/L 氢氧化钠溶液、4 μg/mL 磷标准使用液。

2. 操作步骤

1）标准曲线的绘制

吸取 0.0、1.0、2.0、3.0、4.0、5.0、10.0 mL 磷标准使用液分别置于 7 个 50 mL 锥形瓶中，各样品分别含有 0、4、8、12、16、20、40 μg 磷。分别向 7 个锥形瓶中加水至 30 mL，混匀，用移液管依次加入 4 mL 钼酸铵溶液、2 mL 抗坏血酸溶液，加完后立即混匀。将 7 个锥形瓶置于沸水浴中 10 min，立刻转至冷水浴中冷却至室温。定量地将锥形瓶内的溶液转入 50 mL 容量瓶中，加水至刻度，摇匀。以未加磷标准使用液的溶液为空白，用可见分光光度计在 825 nm 波长下测定吸光度，以磷的微克数对吸光度绘制标准曲线。

2）样品溶液的制备

根据样品中磷含量的估计值准确称取一定量的样品（精确至 0.000 2 g），使样品所测得的吸光度为 0.1~0.7。

将样品倒入消化瓶中，加入 15 mL 硫酸 - 硝酸混合液和适量的玻璃珠（以防暴沸），混合均匀，缓慢加热至液体微沸，继续煮沸至棕色气体变为白色、液体变为透明为止。若溶液出现深暗色且不褪去，则在继续蒸煮的同时，逐滴加入硝酸使之消失，待冷却后，加入 10 mL 水并加热至瓶内再次出现白色气体为止，以除去过量的硝酸。将溶液冷却，加入 45 mL 水，用氢氧化钠溶液调节溶液 pH=7。将溶液定量地转入容积适当的容量瓶内，加水至刻度，充分摇匀。

3）样品的测定

根据样品量按表 11-4 选择的测定体积吸取样品溶液于 50 mL 锥形瓶中，以后按标准曲线的绘制步骤操作。从标准曲线上读取相应的磷的微克数。

用水代替样品进行空白测定，样品平行测定两次。

3. 数据记录及处理

1）数据记录

面粉中磷含量测定的相关数据见表 11-4。

表 11-4 面粉中磷含量测定数据记录表

	标准溶液	样品溶液		空白溶液
样品质量 /g	—			—
样品溶液的体积 /mL	—			
吸取样液的体积 /mL	—			

续表

	标准溶液							样品溶液		空白溶液
吸取磷标准使用液的体积 /mL	0.0	1.0	2.0	3.0	4.0	5.0	10.0	—	—	—
显色液中磷的质量 /μg	0.0	4 0	8.0	12.0	16.0	20.0	40.0			
显色液的吸光度 A										

2）结果计算

$$X=\frac{m_1V_0}{m_0V_1\times 10^6}\times 100\%$$

式中　X——样品中磷的质量分数；

m_1——从标准曲线上确定的样品液中磷的质量，μg；

V_0——样品液的稀释体积，mL；

m_0——样品的质量，g；

V_1——用于测定的样品液体积，mL。

计算平行测定结果的平均值和两次测定结果绝对差与平均值的百分比。

实训任务四　大米中磷化物含量的测定

1. 仪器与试剂的准备

1）仪器与用具

所用仪器与用具有可见分光光度计、磷化氢蒸馏吸收装置、50 mL 比色管、带刻度移液管（1 mL、5 mL）等。

2）试剂

所用试剂有 0.1 mol/L 高锰酸钾溶液、0.02 mol/L 高锰酸钾溶液、1 mo1/L 硫酸、3 mol/L 硫酸、饱和亚硫酸钠溶液、氯化亚锡盐酸溶液、50 mg/mL 钼酸铵溶液、磷化物标准溶液（1 mL 相当于 100 μg 磷化氢）、磷化物标准使用液（1 mL 相当于 10 μg 磷化氢）、碱性焦性没食子酸溶液、饱和硝酸汞溶液、饱和硫酸肼溶液、酸性高锰酸钾溶液。

2. 操作步骤

1）准备蒸馏吸收装置

连接好磷化氢蒸馏吸收装置，在 3 个串联的气体吸收管中各加 0.02 mol/L 高锰酸钾溶液 5 mL 和 1 mol/L 硫酸 1 mL，向洗气瓶 1 中加入约 100 mL 酸性高锰酸钾溶液，向洗气瓶 2 中加入新配制的碱性焦性没食子酸溶液，向分液漏斗中加入 1 mol/L 硫酸 5 mL 和水 80 mL，向水浴锅中加入适量水并加热至沸腾，然后打开抽气泵，检查装置的气密性。

2）绘制标准曲线

吸取0.00、1.00、2.00、3.00、4.00、5.00 mL磷化物标准使用液（相当于0、10、20、30、40、50 μg磷化氢），分别加于6支50 mL比色管中，再各加30 mL水、5.5 mL 3 mol/L硫酸、2.5 mL钼酸铵溶液，混匀，然后再加水至50 mL，混匀，再加0.1 mL氯化亚锡溶液，混匀，15 min后，用3 cm比色皿，以零管调节零点，于波长710 nm处测定吸光度，绘制磷化物含量与吸光度关系的标准曲线。

3）测定

称取50 g（精确至0.1 g）样品。预先给磷化氢蒸馏吸收装置抽气5 min，然后取下分液漏斗，迅速加入试样于反应瓶中，立即装上分液漏斗，塞紧瓶塞，加大抽气速度，将分液漏斗中的溶液移至反应瓶中，减慢抽气速度（以能分辨气泡为宜），抽气30 min，并保持水浴沸腾。

反应完毕后，先除去气体吸收管进气一端的连接，再除去抽气管一端的连接，关闭抽气泵，取下3个气体吸收管，合并吸收管中的溶液于50 mL比色管中，气体吸收管用少量水洗涤，将洗液并入比色管中，滴加饱和亚硫酸钠溶液使高锰酸钾溶液褪色，加3 mol/L硫酸4.5 mL、钼酸铵溶液2.5 mL，混匀，再加水至50 mL，混匀。

在比色管中加入0.1 mL氯化亚锡溶液，混匀。15 min后，用3 cm比色皿，以零管调节零点，于波长710 nm处测定吸光度，在标准曲线上求出相应的磷化氢含量。

除不加样品外，按上述测定步骤加入同量的各种试剂做空白试验。每个样品平行测定2次。

3. 数据记录及处理

1）数据记录

将大米中磷含量的测定数据记录于表11-5中。

表11-5　大米中磷含量测定数据记录表

	标准溶液						样品溶液		空白溶液
样品质量 /g	—								—
吸取磷化物标准溶液的体积 /mL	0.00	1.00	2.00	3.00	4.00	5.00	—	—	—
配制各显色液的体积 /mL	50						50		50
各显色液中磷化物的质量 /μg	0.0	10.0	20.0	30.0	40.0	50.0			
测得各显色液的吸光度 *A*									

2）结果计算

$$X_{磷化物}=\frac{(m_{显色液}-m_{空白})\times 1\,000}{m_{样品}\times 1\,000}$$

式中　$X_{磷化物}$——样品中磷化物的含量，mg/kg；

$m_{显色液}$——从标准曲线上查的样品显色液中磷化物的质量，μg；

$m_{空白}$——从标准曲线上查的空白溶液中磷化物的质量，μg；

$m_{样品}$——样品质量，g。

计算平行测定结果的平均值和两次测定结果之差与平均值的百分比。

实训任务五　面粉中过氧化苯甲酰含量的测定

1. 仪器与试剂

1）仪器与用具

所用仪器与用具有分析天平、碘量瓶、酸式滴定管等。

2）试剂

所用试剂有丙酮、500 g/L 碘化钾溶液、0.1 mol/L 硫代硫酸钠标准溶液。

2. 操作步骤

称取样品 1 g（精确至 0.000 2 g），置于 250 mL 碘量瓶中，加丙酮 30 mL 使之溶解，加碘化钾溶液 2 mL，立即盖上塞子，摇匀后放在暗处 15 min，用硫代硫酸钠标准溶液滴定（不加淀粉指示液），以棕色消失为滴定终点，同时进行空白试验。

平行测定两次，两次测定的结果之差不应大于 0.2%。

3. 数据记录及处理

将测定数据记录于表 11-6 中。$c(Na_2S_2O_3)$=____mol/L，M（过氧化苯甲酰）=242.2 g/mol。

表 11-6　面粉中过氧化苯甲酰含量测定数据记录表

测定次数	1	2	空白
样品质量 /g			—
滴定管初读数 /mL			
滴定管终读数 /mL			
消耗 $Na_2S_2O_3$ 标准溶液的体积 /mL			
样品中过氧化苯甲酰的含量 /%			—
过氧化苯甲酰含量的平均值 /%			—

样品中过氧化苯甲酰含量的计算公式为

$$X=\frac{(V_1-V_0)c\times\frac{1}{2}\times M(\text{过氧化苯甲酰})}{m\times 1\,000}\times 100\%$$

式中　V_1——试样消耗硫代硫酸钠标准溶液的体积，mL；

V_0——空白试液消耗硫代硫酸钠标准溶液的体积，mL；

c ——硫代硫酸钠标准溶液的实际浓度，mol/L；

m ——样品的质量，g。

复习思考题

（1）用钼蓝法测定粮食中磷化物含量的原理是什么？

（2）测定面粉中过氧化苯甲酰含量的原理是什么？测定中应注意哪些问题？

（3）银盐法测定食品中砷含量的原理是什么？氯化亚锡的作用是什么？操作中应注意哪些问题？

（4）砷斑法测定食品中砷含量的原理是什么？样品如何消化？

（5）原子吸收分光光度法测定食品中铅含量的原理是什么？样品为什么要进行预处理？测定过程中应如何避免干扰？

（6）冷原子吸收法测定食品中汞含量的原理是什么？为什么有些试剂要现配？测定过程中应如何避免干扰？

二、模拟试卷

食品检验工技能操作试卷包括考场通知单、技能考核试卷、评分表3部分，具体如下。

天津市国家职业技能鉴定

食品检验工操作技能考核准备通知单（考场）

模块1　玻璃仪器的洗涤

序号	名称	规格	单位	数量	备注
1	分液漏斗	125 mL	个	6	
2	移液管	1 mL	个	1	
3	移液管	10 mL	个	1	
4	容量瓶	50 mL	个	1	
5	毛刷			若干	
6	蒸馏水				
说明：本表为一名考生使用量					

模块2　分光光度计的使用

序号	名称	规格	单位	数量	备注
1	方便面待测样		毫升	50	
2	比色杯	1 cm	个	4	

续表

序号	名称	规格	单位	数量	备注
3	擦镜纸		本	1	
4	洗瓶		个	1	
5	蒸馏水				
说明:本表为一名考生使用量					

模块 3　方便面中铅含量的测定

序号	名称	规格	单位	数量	备注
1	坩埚	20 mL	个	2	
2	高温炉	大型	个	1	
3	容量瓶	50 mL	个	1	
4	移液管	10 mL	个	1	
5	玻璃珠	防爆沸	个	10	
6	蒸馏水				
7	分液漏斗	125 mL	个	6	
说明:本表为一名考生使用量					

天津市职业技能鉴定
食品检验工高级技能考核试卷

考件编号:______________________

一、本试卷根据国家职业标准命制。

二、请根据试题考核要求,完成考核内容。

三、请服从考评人员指挥,保证考核安全顺利进行。

模块 1　玻璃仪器的清洗

(1)本题分值:5 分。

(2)考核时间:30 分钟(准备时间 5 分钟)。

(3)考核形式:实操。

(4)具体考核要求:

a)玻璃仪器的清洗;

b)清理现场。

(5)否定项说明:若考生发生如下情况之一,则应及时终止其考试,考生该试题成绩记为零分。

a)严重违规操作;

b)出现安全问题;

c)玻璃仪器损坏3个以上。

模块2　可见分光光度计的使用

(1)本题分值:25分。

(2)考核时间:30分钟(准备时间5分钟)。

(3)考核形式:实操。

(4)具体考核要求:

a)熟知实验的基本操作流程;

b)正确调试可见分光光度计波长;

c)正确使用分光光度计测试溶液。

(5)否定项说明:若考生发生如下情况之一,则应及时终止其考试,考生该试题成绩记为零分。

a)严重违规操作;

b)出现安全问题;

c)玻璃仪器损坏3个以上。

模块3　方便面中铅含量的测定

(1)本题分值:70分。

(2)考核时间:120分钟(准备时间10分钟)。

(3)考核形式:实操。

(4)具体考核要求:

a)熟知实验基本操作流程;

b)正确制备待测试样;

c)正确使用可见分光光度计;

d)正确换算测定结果。

(5)否定项说明:若考生发生如下情况之一,则应及时终止其考试,考生该试题成绩记为零分。

a)严重违规操作;

b)出现安全问题;

c)玻璃仪器损坏3个以上。

天津市国家职业技能鉴定
食品检验工高级技能考核评分记录表

姓名________ 准考证号________ 单位________

总成绩表

序号	试题名称	配分	得分	权重	最后得分	备注
1	玻璃仪器的清洗	5				
2	可见分光光度计的使用	25				
3	方便面中铅含量的测定	70				
合计		100				

统分人: 年 月 日

模块一 玻璃仪器的清洗

序号	考核内容	考核要点	配分	评分标准	扣分	得分
1	洗涤玻璃仪器	选择洗液,准备洗涤	1	洗液选错扣1分		
		小心使用重铬酸钾洗液	1	重铬酸钾洗液有溅出、滴出扣0.5分;洗液用完后未倒回原瓶扣0.5分		
		洗涤漏斗、容量瓶、移液管、坩埚、比色杯等	1	未用蒸馏水荡洗扣0.5分;洗完后玻璃仪器壁上未均匀润湿,每一处扣0.1分,直至此项分数扣完		
2	清理现场	洗涤完成后,摆放好玻璃仪器	1	未清理现场扣1分		
3	安全文明操作	按国家颁布的有关法规或企业自定的有关规定操作	1	未按规定穿戴工作服扣1分		
4	考核时限	按规定时间完成		超时停止操作考试,成绩按完成实际项目的分数计算		
合计			5			
否定项说明:若考生发生如下情况之一,则应及时终止其考试,考生该试题成绩记为零分。 (1)严重违规操作; (2)出现安全问题; (3)玻璃仪器损坏3个以上。						

评分人: 年 月 日 核分人: 年 月 日

模块二 可见分光光度计的使用

序号	考核内容	考核要点	配分	评分标准	扣分	得分
1	分光光度计的调试	分光光度计的预热	6	使用分光光度计前未预热扣5分		
		波长	6	未在最优波长处测量扣5分		

续表

序号	考核内容	考核要点	配分	评分标准	扣分	得分
2	分光光度计的使用	读数	9	分光光度计操作不当扣 9 分		
3	结束工作	操作完成后，清洗玻璃仪器并摆放整齐，清理实验台	4	玻璃仪器未清洗和正确摆放扣 2 分；实验台未清理扣 2 分		
4	考核时限	按规定时间完成		超时停止操作考试，成绩按完成实际项目的分数计算		
合计			25			

否定项说明：若考生发生如下情况之一，则应及时终止其考试，考生该试题成绩记为零分。
(1)严重违规操作；
(2)出现安全问题；
(3)玻璃仪器损坏 3 个以上。

评分人：　　　年　　月　　日　　　　　　　　　　核分人：　　　年　　月　　日

模块三　方便面中铅含量的测定

序号	考核内容	考核要点	配分	评分标准	扣分	得分
1	待测试样的制备	称取 5.0 g 研碎的方便面，置于坩埚中，加热至炭化，然后移入高温炉中，500 ℃灰化 3 h，放冷，取出坩埚，加 1 mL 硝酸，润湿灰分，用小火蒸干，在 500 ℃灼烧 1 h，放冷，取出坩埚，加 1 mL 硝酸溶液(1+1)，加热，使灰分溶解，移入 50 mL 容量瓶中，用水洗涤坩埚，将洗液并入容量瓶中，加水至刻度，混匀备用	25	容量瓶未冲洗扣 4 分；未添加玻璃珠扣 4 分；灰化不彻底扣 8 分；容量瓶定容不精确扣 5 分；移液管未润洗扣 4 分		
2	铅含量的测定	吸取 10.0 mL 消化后的定容溶液和同量的试剂空白液，分别置于 125 mL 分液漏斗中，各加水至 20 mL。吸取 0.00、0.10、0.20、0.30、0.40、0.50 mL 铅标准使用液(相当 0.0、1.0、2.0、3.0、4.0、5.0 μg 铅)，分别置于 125 mL 分液漏斗中，各加体积分数为 1% 的硝酸溶液至 20 mL	15	分液漏斗安装不好及未加水扣 10 分；溶液吸取有误扣 5 分		
		于样品消化液、试剂空白液和铅标准溶液中各加 2 mL 200 g/L 柠檬酸铵溶液、1 mL 200 g/L 盐酸羟胺溶液和 2 滴酚红指示液，用氨水(1+1)调至红色，再各加 2 mL 100 g/L 氰化钾溶液，混匀，然后各加 5.0 mL 双硫腙使用液，剧烈振摇 1 min，静置分层后，三氯甲烷层经脱脂棉滤入 1 cm 比色杯中，以零管调节零点，于 510 nm 处测吸光度，绘制标准曲线	16	未加柠檬酸铵溶液扣 4 分；未用氨水调节颜色扣 4 分；未用脱脂棉过滤扣 4 分；未调节零点扣 4 分		
3	结果计算	测定空白溶液和各样品显色液的吸光度，从标准曲线上查出空白溶液和各样品显色液中铅的质量	8	换算结果不正确扣 8 分		

续表

序号	考核内容	考核要点	配分	评分标准	扣分	得分
4	结束工作	操作完成后，清洗玻璃仪器，摆放整齐，清理实验台	6	玻璃仪器未清洗和摆放扣4分；实验台未清理扣2分		
5	考核时限	按规定时间完成		超时停止操作考试，成绩按完成实际项目的分数计算		
合计			70			
否定项说明：若考生发生如下情况之一，则应及时终止其考试，考生该试题成绩记为零分。 （1）严重违规操作； （2）出现安全问题； （3）玻璃仪器损坏3个以上。						

评分人：　　　年　　月　　日　　　　　　　　　　　核分人：　　　年　　月　　日

第三节　食品检验工信息资源

一、食品检测技术的进展

随着时代的不断发展，食品检测的内容和深度均有较大进步，除了检查食品中是否存在有毒物质之外，还对食品中含有的营养物质、化学成分、所含菌类、微生物种类、性质以及数量等做出一定的检测和测评。食品检测的检验对象覆盖范围也不断扩大，不但包含各种食品原料和半成品的性质特点的检测分析，同时也包含对不同食物添加剂、佐料和辅料等物质的检测和分析。

（一）药物残留检测

大部分农作物均会喷洒农药，一些农药会残留在农作物中，因此农药残留一直是影响食品安全的主要因素。近年来，农药残留检测采用微波萃取法、超临界提取法、固相萃取法及加热溶剂萃取法等提取、净化、分离和检测的技术。这些检测技术使得提取液中的杂质少，提取对象效率高，试剂耗费少，而且操作简单，检测质量高。

随着我国畜牧业的集约化和规模化的发展，兽药的使用范围越来越广，各种有利于促进畜禽生长的抗生素、磺胺药、激素等在畜牧养殖中广泛应用。这些兽药在促进畜禽生长、降低动物发病率的同时，还会对人体带来伤害，带来兽药残留的问题。目前兽药残留成为肉食品安全的最大隐患。对此，人们通过药物残留检测技术检测兽药残留，确保其不会对人体带来伤害。药物残留检测技术种类繁多，针对不同药物残留，所使用的仪器设备也有所不同，如有机氯农残检测仪器和有机磷农残检测仪器等。通常情况下，人们使用 HPLC（高效液相色谱法）检测或者 GC-MS（气质联用）检测技术。

（二）有机污染检测

随着工业的不断发展，在工业生产过程中产生的有机污染物使环境受到污染，自然生态不断恶化，导致食品所遭受的有机物污染越来越严重。一般情况下，食品上存在的有机物在洗涤之后虽然能够大量减少，但是却没有彻底清除，被人体摄入之后，逐渐积累，就会危害人体健康。目前我国在二噁英检测方面已经建立了专门的检测机构和检测体系。在甲醛的检测方面，使用分光光度法、气相色谱法、液相色谱法等进行检测，这些检测方法操作简单，干扰度低，成本低，灵敏度高。

（三）转基因食品的检测

随着转基因食品在近几年的快速发展，转基因食品的检测方法也得到了发展。转基因食品检测主要从蛋白质及外源 DNA 两种生物大分子入手，利用 PCR（聚合酶链式反应）、ELISA（酶联免疫吸附测定）及生物芯片技术进行检测。

根据检测目标，可将转基因食品检测技术分为核酸检测方法、蛋白质检测方法及外源基因代谢产物检测方法，最后一种方法因检测效率及结果均不佳，所以当前应用非常少。核酸检测方法主要包含巢式 PCR、凝胶电泳、测序等方法。蛋白质检测方法主要包含免疫层析试纸条、酶联免疫、凝胶电泳及化学分析等方法。按照检测目标的数量，转基因食品的检测可分为常规检测方法、新型检测方法及组合检测方法。常规检测方法包含 PCR 法、各类杂交法、酶联免疫吸附法、生物测定检测法及化学组织检测法等。新型检测方法包含荧光定量 PCR 技术、巢式与半巢式 PCR 法、PCR-ELISA 检测技术及基因芯片技术等。组合型检测方法包含多重 PCR 技术与芯片技术相结合的方法、多重 PCR- 激光诱导荧光 - 毛细管电泳检测方法等。

（四）食品微生物的快速检测

微生物检测是食品检测工作的重要一环。为了满足新时期食品的安全需求，对微生物的检测除了要求精度高外，对检测速度的要求也有所提高，鉴于此，食品微生物快速检测方法应运而生。

目前基于代谢学的检测方法主要有生物发光法和放射测量法两种。放射测量法具有检测速度快且准确度高的优点，所以该技术的应用较生物发光法更具自动性，目前已经在部分食品行业中用于检测大肠杆菌。基于分子生物学的检测方法主要是利用生物的基因情况来检测细菌，适用于抗原结构复杂的细菌体，也可用于鉴定和分型较难培养的细菌体，其具体检测方法主要有核酸分子杂交法和基因芯片检测法。基于免疫学的食品微生物快速检测方法也较多，如酶联免疫吸附检测法、乳胶凝聚反应法、IFT、VIDAS 等。这些技术各具优势，同时也存在不足，需要研究者不断创新和改进，以增强微生物快速检测方法的灵活性、有效性及可靠性。

（五）食品检测的仪器设备

随着社会经济的不断发展，我国加大了对食品安全的监管与处罚力度，在某种程度上也促使食品生产及加工企业在日常经营中投入更多成本来研发、引进食品安全检测仪器，借此提高食品安全的检测技术。

食品检测仪器向更高效、快捷的方向发展。我国目前的检测方法主要集中在以实验室为主的传统技术上，如利用气相、液相色谱等仪器的理化检测法和基于常规培养法的微生物检测法等。但是，随着现代农业和食品加工产业的原料来源多元化、产品周转加快，加快检测速度和提高检测灵敏度已成为食品质量和安全控制中必不可少的环节。食品安全快速检测方法可以满足大样本量的检测，可缩短检测时间和周期，可降低检测费用，是确证法的有机结合，因此发展快速检测技术势在必行。

食品检测仪器将更注重对食品添加剂的检测。随着食品行业的发展和进步，我国的食品添加剂也有了更加广泛的使用与发展，但在普及使用及发展的同时，在食品添加剂的管理、监督使用和检测方面却出现了很多问题。食品安全检测主要针对农兽药残留、重金属、致病微生物、非法添加物、生物毒素和食品添加剂等进行检测，常用的检测仪器主要为色谱 - 质谱联用等高灵敏度、高分辨率、高分离效率的仪器。目前，新版《中华人民共和国食品安全法》的实施对食品安全标准提出了更高的要求，检测项目包括食品、食品相关产品中的致病性农药、微生物残留、化学系污染物质以及重金属及其他危害人体健康的物质，同时还对食品添加剂提出了严格的要求。这意味着未来的食品检测仪器在检测食品添加剂方面还有较大发展空间。

随着社会的发展，人们的食品安全意识不断提升。为了保障人们所食用的食物足够安全，需加强食品安全方面的检测。一方面，食品安全检测技术日益趋向于高技术化、系列化和智能化，使检测仪器朝着高灵敏度和高选择性的复杂仪器体系发展，分析方法的联用成为仪器分析的一个热点；另一方面，现场检测仪器在小型便携化的同时，向专业化、速测化、自动化、智能化和信息化方向纵深发展。高灵敏度、高选择性的新型动态分析检测和无损检测方法及多元参数的检测技术成为食品检测技术的发展趋势。生物传感器技术、生物芯片技术和电子鼻等仿生感觉技术必将发挥越来越大的作用。食品检测技术已经得到迅速发展，未来还会得到更进一步的创新和完善。

二、职业案例

食品安全方面的检测案例见表 11-7~ 表 11-10。

表 11-7　测定方便面中铅含量的职业案例

<table>
<tr><td>教学案例编号</td><td>1</td><td>教学案例名称</td><td>测定方便面中的铅含量</td><td>案例类型</td><td>检验操作</td></tr>
<tr><td>企业生产案例名称</td><td colspan="5">双硫腙比色法检测方便面中的铅含量</td></tr>
<tr><td>教学案例背景</td><td colspan="5">由于包装材料、生产加工中使用含铅较高的管道等原因可能会使方便面中含铅，而铅是一种应加以控制的食品污染物。铅中毒具有蓄积性、持久性、不可逆性，特别铅对儿童认知发育的损害一旦发生难以逆转，因此，加强食品检测，防止铅中毒十分必要</td></tr>
<tr><td>案例问题</td><td colspan="5">1. 什么是双硫腙比色法？ 2. 如何正确对样品进行消化？ 3 双硫腙比色法检测方便面中铅含量时需要注意哪些问题？</td></tr>
<tr><td rowspan="2">案例教学目标</td><td colspan="2">知识目标</td><td colspan="2">能力目标</td><td>素质目标</td></tr>
<tr><td colspan="2">1. 掌握双硫腙比色法，了解操作注意事项；
2. 掌握可见分光光度计的使用方法，了解操作注意事项</td><td colspan="2">能够采用双硫腙比色法检测方便面中的铅含量</td><td>1. 规范操作，爱岗敬业；
2. 树立严谨、科学的态度</td></tr>
<tr><td>教学流程</td><td colspan="5"> 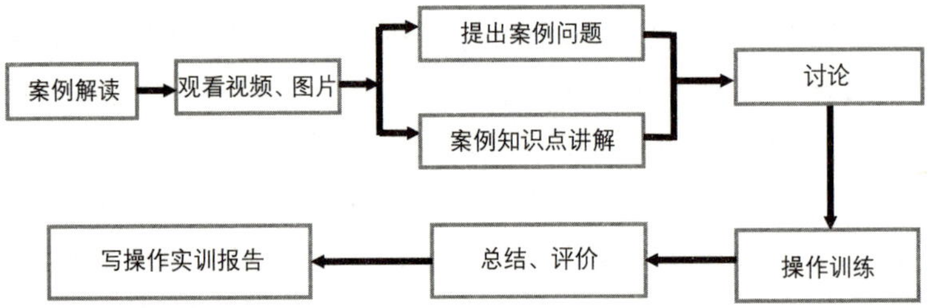案例解读 → 观看视频、图片 → 提出案例问题 / 案例知识点讲解 → 讨论 → 操作训练 → 总结、评价 → 写操作实训报告</td></tr>
<tr><td>案例反思</td><td colspan="5">1. 哪些因素会对检测方便面中的铅含量造成影响？
2. 双硫腙比色法检测方便面中的铅含量过程中应注意哪些参数变量？</td></tr>
</table>

表 11-8　沙门氏菌的检验职业案例

<table>
<tr><td>教学案例编号</td><td>2</td><td>教学案例名称</td><td>沙门氏菌的检验</td><td>案例类型</td><td>检验操作</td></tr>
<tr><td>企业生产案例名称</td><td colspan="5">检测面包中的沙门氏菌</td></tr>
<tr><td>教学案例背景</td><td colspan="5">沙门氏菌属是肠道杆菌科中最重要的病原菌属，是引起人类和动物发病及食物中毒的主要病原菌，是评价食品被污染程度的重要参数之一，沙门氏菌的测定在食品的质量控制与监督过程中具有重要意义</td></tr>
<tr><td>案例问题</td><td colspan="5">1. 沙门氏菌有哪些危害？ 2. 如何正确配制培养基？</td></tr>
<tr><td rowspan="2">案例教学目标</td><td colspan="2">知识目标</td><td colspan="2">能力目标</td><td>素质目标</td></tr>
<tr><td colspan="2">1. 掌握前增菌方法；
2. 掌握沙门氏菌属的菌落特征</td><td colspan="2">能够检测面包中的沙门氏菌</td><td>1. 规范操作，爱岗敬业；
2. 树立严谨、科学的态度</td></tr>
</table>

续表

教学流程	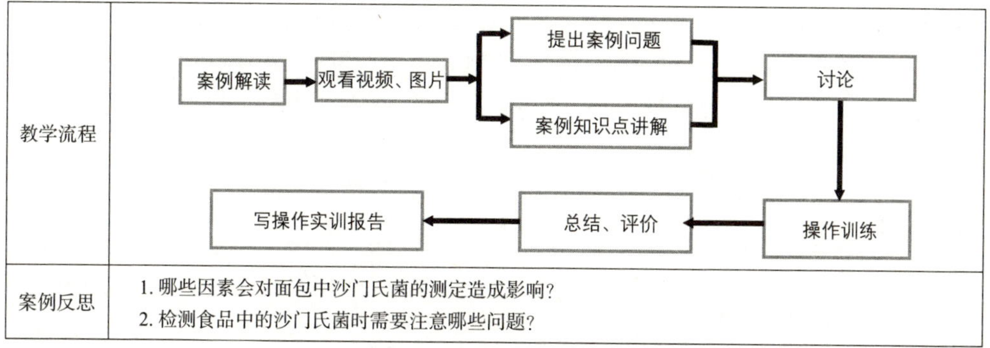
案例反思	1. 哪些因素会对面包中沙门氏菌的测定造成影响？ 2. 检测食品中的沙门氏菌时需要注意哪些问题？

表 11-9　饮料中维生素 C 含量的测定职业案例

教学案例编号	3	教学案例名称	饮料中维生素 C 含量的测定	案例类型	检验操作
企业生产案例名称	检测果汁饮料中维生素 C 的含量				
教学案例背景	果汁饮料中所含的主要营养成分就是维生素 C，维生素 C 含量的多少是评价各种果汁饮料质量的重要指标之一				
案例问题	1. 测定饮料中维生素 C 含量的方法有哪些？ 2. 如何正确预处理果汁饮料？				
案例教学目标	知识目标		能力目标		素质目标
	1. 掌握比色管的使用常识，了解使用的注意事项； 2. 理解比色法技术的原理		能够检测果汁饮料中维生素 C 的含量		1. 规范操作，爱岗敬业； 2. 树立严谨、科学的态度
教学流程	案例解读 → 观看视频、图片 → 提出案例问题 / 案例知识点讲解 → 讨论 → 操作训练 → 总结、评价 → 写操作实训报告				
案例反思	1. 哪些因素会对维生素 C 的测定造成影响？ 2. 如何正确预处理各种样品溶液？				

表 11-10　紫外分光光度计法检测啤酒中苦味质含量的职业案例

教学案例编号	4	教学案例名称	啤酒中苦味质含量的测定	案例类型	生产操作
企业生产案例名称	紫外分光光度计法检测啤酒中苦味质的含量				

续表

<table>
<tr><td>教学案例背景</td><td colspan="3">啤酒已经成为人们日常生活中的重要消费品。当人们品尝各种品牌的啤酒时总会觉得有种苦味，有时浓重一些，有时会淡一些。这种苦味物质是啤酒中的一种风味物质，它对啤酒的口味起着重要作用</td></tr>
<tr><td>案例问题</td><td colspan="3">1. 什么是啤酒中的苦味质？ 2 如何正确使用紫外分光光度计？ 3 检测啤酒中苦味质的含量时需要注意哪些问题？</td></tr>
<tr><td rowspan="2">案例教学目标</td><td>知识目标</td><td>能力目标</td><td>素质目标</td></tr>
<tr><td>1. 掌握紫外分光光度计的使用常识，了解使用注意事项；
2. 理解紫外分光光度计法检测啤酒中苦味质含量的技术原理</td><td>能够采用紫外分光光度计法检测啤酒中苦味质的含量</td><td>1. 规范操作，爱岗敬业；
2. 树立严谨、科学的态度</td></tr>
<tr><td>教学流程</td><td colspan="3">案例解读 → 观看视频、图片 → 提出案例问题 / 案例知识点讲解 → 讨论 → 操作训练 → 总结、评价 → 写操作实训报告</td></tr>
<tr><td>案例反思</td><td colspan="3">1. 哪些因素会对啤酒中苦味质的含量造成影响？
2. 检测啤酒中苦味质含量的过程中应注意哪些参数变量？</td></tr>
</table>

三、电子资源

动画资源

1. 啤酒中双乙酰的测定

2. 肉罐头中亚硝酸盐的测定

3. 果汁中还原糖的测定

4. 酱油中氨基酸态氮的测定

5. 味精中谷氨酸钠的测定

6. 面包中粗脂肪的测定

7. 牛奶中喹诺酮类药物残留测定

8. 果汁中大肠菌群的测定

9. 粮食中粗蛋白的测定

10. 食品安全管理工具

第十二章 天津市职业培训包实验性培训报告

实验性培训是选取不同类劳动者对开发的“职业培训包”进行验证，并根据验证结果对开发的“职业培训包”成果进行修改和完善，本章以西式面点师为例对实验进行分析。

西式面点师职业标准实验性培训分析报告

一、实施方案

（一）实验性培训目的

通过实验性培训，对开发的“职业培训包”进行验证，并根据验证结果对开发的“职业培训包”成果进行修改和完善。验证的主要内容包括：职业标准是否适应天津市经济社会发展水平对岗位技能的需要，是否与天津市企业的先进生产经营技术、设备、工艺水平相一致，是否满足培训目标的要求，培训标准是否具有先进性、可行性和适用性。

（二）实验性培训学员的确定

人力资源和社会保障部颁发的国家职业资格证书是劳动者具有从事某一职业所必备的学识和技能证明，它是劳动者求职、任职、开业的资格凭证，是用人单位招聘、录用劳动者的主要依据，也是境外就业、对外劳务合作人员办理技能水平公证的有效证件。证书分为初级、中级、高级、技师、高级技师共 5 级，全国通用，国际接轨。

西式面点师的培训对象为：蛋糕店、面包店和高级酒店、西点烘焙企业的在职人员；社会失业人员；食品专业院校的在校学生，具体见表 12-1。

表 12-1　西式面点师学员的确定

级别	目的	主要来源
初级	获得职业资格； 增加就业机会； 促进兴趣爱好	社会人员、失业人员、在校学生
中级	提升职业技能； 鉴定技能水平； 增加就业机会	社会人员、高职学历以上在校学生、企业员工
高级	提升职业技能； 增加就业机会； 提高薪金待遇； 鉴定技能水平	社会人员、本科学历以上在校学生、有经验的企业员工
技师	提升职业技能； 改变工作岗位； 提高薪金待遇； 鉴定技能水平	专业技术骨干
高级技师	提升职业技能； 鉴定技能水平	资深专业技术骨干

（三）实验性培训等级和人数的确定

1. 培训等级的确定

——初级（具备下列条件之一者）

（1）经本职业初级正规培训达规定标准学时数，并取得毕（结）业证书。

（2）在本职业连续见习工作 2 年以上。

（3）本职业学徒期满。

——中级（具备下列条件之一者）

（1）取得本职业初级职业资格证书后，连续从事本职业 3 年以上，经本职业中级正规培训达规定标准学时数，并取得毕（结）业证书。

（2）连续从事本职业工作 6 年以上。

（3）取得经劳动保障行政部门审核认定的，以中级技能为培训目标的中等以上职业学校本专业毕业证书。

——高级（具备下列条件之一者）

（1）取得本职业中级职业资格证书后，连续从事本职业工作 4 年以上，经本职业高级正规培训达规定标准学时数，并取得毕（结）业证书。

（2）取得本职业中级职业资格证书后，连续从事本职业工作 7 年以上。

（3）取得经劳动保障行政部门审核认定的、以高级技能为培养目标的高等职业学校本职业（专业）毕业证书。

——技师（具备下列条件之一者）

（1）取得本职业高级职业资格证书后，连续从事本职业工作5年以上，经本职业技师正规培训达规定标准学时数，并取得毕（结）业证书。

（2）取得本职业高级职业资格证书后，连续从事本职业工作8年以上。

（3）取得本职业高级职业资格证书的高级技工学校本职业（专业）毕业生，连续从事本职业工作2年以上。

（4）取得大专以上本专业或相关专业毕业证书，连续从事本职业工作5年以上。

——高级技师（具备下列条件之一者）

（1）取得本职业技师职业资格证书后，连续从事本职业工作3年以上，经本职业高级技师正规培训达规定标准学时数，并取得毕（结）业证书。

（2）获得技师职业资格证书后，连续从事本职业工作5年以上。

2. 培训人数的确定

西式面点师职业培训包职业等级和人数的确定是以报考人数和师资条件作为依据所确定的。培训等级越低，对师资要求相应越低，可培训人数较多。依据实验性培训的经验，中级、高级报考人数较多，高级技师和技师报名人数较少。因此，依据师资标准和培训经验，建议各级培训班人数见表12-2。

表12-2　实验性培训班人数

培训级别	人数
初级	30~40人
中级	20~30人
高级	20~25人
技师	10~20人
高级技师	5~10人

（四）培训质量的验证

相关单位可采用培训后用人单位对学员岗位能力的反馈，学员对培训质量的反馈，学员职业技能鉴定合格率、优秀率的反馈等方法检验培训质量。

1. 培训后用人单位对学员岗位能力的反馈

培训学员在用人单位中主要面向的是西点加工技术岗位群。这个岗位要求学员具有严谨、细致的工作态度，并且能够熟练掌握西点的制作手法，熟悉生产的流程与关键点，熟悉生产过程的质量控制，具有较好的文字水平及管理文件的能力，并具有良好的沟通能力。

具体来说,可以从以下几个方面收集用人单位对培训质量的反馈情况。

初级学员通过培训获得西式面点师初级职业资格证书,掌握西式面点的原料和一般西点产品知识,能够运用基本技能独立完成本职业的常规工作。

中级学员通过培训获得西式面点师中级职业资格证书,掌握西式面点的原料和一般西点产品知识,能够熟练运用基本技能独立完成西式面点师的常规工作;并在特定情况下,能够运用专门技能完成较为复杂的西点产品的制作,能够与他人进行合作。

高级学员通过培训获得西式面点师高级职业资格证书,具有扎实的西点制作工艺知识,能够熟练运用基本技能和专门技能完成较为复杂的工作,包括完成部分非常规性工作;能够独立处理工作中出现的问题;能指导他人进行工作或协助培训一般操作人员。

技师通过培训获得西式面点师技师职业资格证书,具有深厚的西点原料、产品制作和产品创新知识,能够熟练运用基本技能和特殊技能在西式面点师的各个领域完成复杂的、非常规性的工作;能够独立处理和解决高难度的技术或工艺问题;在西点工艺革新和技术改革方面有创新;能组织专业技术培训,具有一定的管理能力。

高级技师通过培训获得西式面点师高级技师职业资格证书,具有更加深厚的西点原料、产品制作和产品创新知识,能够独立处理和解决高难度的技术或工艺问题;在西点工艺革新和技术改革方面有创新;能组织专业技术培训,具有管理能力。

2. 学员对培训质量的反馈

相关单位可针对培训内容、培训时间、培训成本和规模几个方面,在培训开始、培训过程中以及培训结束后,分别收集培训学员的反馈结果,促进培训质量的不断改善。具体主要从如下几个方面进行。

(1)在培训开始前,派专人深入培训学员间进行调查,收集培训对象对培训大纲内容的意见,进行汇总整理,其结果作为制订教学计划的参考意见,对培训质量实施事前控制。

(2)在培训期间定期召开学员座谈会,认真听取学员对培训教学和管理工作的意见和建议,整理成材料后反馈给中心领导;学员对教学工作的意见同时反馈给各任课老师,以便改进教学工作,增强培训效果。

(3)设立学员意见箱,收集培训后学员们的意见,该箱由培训负责人直接掌握,以便对学员反映的情况进行及时收集,以便在以后的培训中完善培训内容,修正培训时间。

(4)教师应加强与培训学员之间的联系,了解学员在工作和学习中遇到的问题,及时掌握学员对培训工作的反馈。

（5）对培训出现的问题应及时予以纠正，对学员反映的情况，作出处理意见后及时向学员通报。

（6）坚持培训后的跟踪工作。对学员培训后在工作岗位上发现的新问题、新意见进行收集，反映给教学管理部门，改进教学内容，促进培训工作质量的进一步提高。

3. 学员职业技能鉴定合格率、优秀率的反馈

在培训结束后，组织培训学员进行培训技能及基础知识的测试，统计学员的合格率和优秀率。通过完善职业技能培训的管理流程，使技能和鉴定紧密结合，不断提高培训质量和技能鉴定合格率、优秀率。

4. 教培管理组组织进行教学质量评价

教培管理组组织进行教学质量评价和培训综合情况调查，对鉴定对象填写的培训综合情况调查表进行汇总整理，并统计出测评结果，根据数据统计对培训的综合情况进行总体评价。教培管理组负责对培训效果进行跟踪考核，跟踪考核内容包括鉴定对象参加培训后的工作能力和工作业绩评价。鉴定对象所在单位对其工作能力和工作业绩进行评价，并签字盖章。教培管理组对学员的跟踪考核记录进行整理汇总，对其培训后的工作能力、工作业绩评价进行统计汇总，形成培训效果跟踪考核评价结果。所有培训效果评价记录由教培管理组进行整理归档。

（五）培训效率的验证

培训效率方面，相关部门采取与传统培训模式相对比的方法，验证培训时间、培训成本、培训规模等方面的变化。

天津现代职业技术学院（以后简称“学院”）西式面点师培训包建设从培训鉴定工作的实际出发，积极汲取其他院校的成功经验和做法，不断摸索创新，逐渐形成了切合西式面点师实际工作情况的基本建设思路，即“强基固本、多措并举，围绕中心、突出重点，以点带面、分步实施，规范管理、高效培训”，从根本上提高培训水平、培训质量、培训效率，扩大培训规模，降低培训的人力成本。

与传统培训方法相比，学院建设的西式面点师培训包坚持以信息化建设为依托，不断更新检验方法和仪器，培养学员掌握最新的检测技术及手段；促进规范化教学建设，全面提升教师的教学水平，通过不懈的努力，大大提升了技能培训水平和效率，有力地促进了西式面点师培训事业的健康有序发展。

培训人员身份的广泛性也决定了用人单位培训需求的广泛性。为了较好地满足不同的培训需求，选择合适的培训课程、培训讲师，配置合适的培训资源，学院取得大量及时、准确的培训信息，扩大培训需求联系，建立起有效的培训资源网络。学院积极地与相关优势用人单位保持良好的战略合作伙伴关系，及时掌握前沿的动态信息，并横向了解到业界相关的热门需求，调整思路，并就某些具体项目达成合作协议。

与传统培训方法相比,学院在培训规模上建立了制度性的培训体系。以往,西式面点师的培训工作缺乏系统性制度,培训管理幅度和力度很弱,培训资金无保证,培训人员的培训意识差,培训工作开展十分困难。在此次西式面点师培训包的设计中学院投入了大量精力,在总结以往培训经验的基础上,优化培训管理流程,完善教育培训制度;重点加强培训需求分析和培训项目质量管理,在多次总结培训学员和用人单位的意见后,全面提升了西式面点师培训工作的制度化管理。

新的培训包在具体执行过程中一定还会遇到各种困难,还需要不断总结和及时调整,还需要进一步理顺具体工作流程,在管理制度上还需要多方面补充,还要进一步加强培训资料的收集和培训器材的配置,加强相关工作人员的专业素质培训。

与传统培训相比,建立一支富有实践经验、学历水平高并且熟悉现实情形的西式面点师讲师团队非常重要。培训需求的多元性和用人单位内培资源有限性的矛盾已经越来越突出。培养起一批经验丰富的讲师团队,首先会大幅节约有限的培训经费,其次,为以后的培训工作培养一批能适应不同培训学员、不同培训需求的专家。以往的实践表明,听过不同机构培训学员的反馈、对用人单位需求认识深刻并且自身能力过硬的培训教师更容易让学员接受,应该积极倡导培养这类实践经验丰富的培训师,并最终建立起一套西式面点师培训的日常管理、激励和考核制度。

通过西式面点师培训包的建设,能够做到推进鉴定工作规范化、现代化,并且应用多种技术手段,彻底改变传统、落后的管理方式和工作方法,使鉴定培训工作广泛应用先进的教学技术、现代管理理念成为可能。这不但会大大提高培训效能、培训的规范性和培训质量,更重要的是能够引领我们不断拓展工作思路,创新工作理念和工作方法,为技能培训工作向更高层次发展创造广阔空间。

(六)师资和培训条件的验证

依据实验性培训结果和用人单位及学员的反馈,相关单位还应对师资标准、设施设备标准、场地环境标准进行验证。为保证培训的质量和效果,培训机构对西式面点师的培训教师提出严格的标准要求,包括任职基本条件、职业素质和能力水平要求等。培训场地也应满足培训包要求的培训与考核场所要求、职场环境要求及设施设备条件要求。

培训教师应满足以下条件。

(1)任职教师需具有本科及以上学历;连续从事本职业工作 3 年以上;具有本职业技师及以上职业资格证书或相关专业中级以上专业技术职务任职资格;获得“培训包”师资培训证等。

(2)具有较高的政治思想觉悟和良好的思想道德品质,为人师表,爱岗敬业,恪尽职守,热情奉献,团结协作;有良好的沟通交流能力,能用个人的积极情绪和正面能量影响学生、引导学生。

（3）任职教师需具备西式面点师技师及以上证书，掌握西式面点的基础知识、常用原料基础知识、原料存储基础知识、常用工具与设备基础知识、食品污染与食品中毒基础知识、食品卫生要求基础知识以及相关法律、法规基础知识。

依据《中华人民共和国教育法》和《中华人民共和国职业教育法》的有关规定，参照中华人民共和国西式面点师国家职业标准的要求，学院设置了西式面点师培训场地。实训场地可以满足 20 人 / 班的规模，面积不少于 200 平方米 / 班；操作技能实训和鉴定场地可以满足 20 人 / 班的规模，面积不少于 120 平方米 / 班；场地内环境清洁、操作平台整洁、有下水系统，有良好的照明和通风系统，出入畅通，符合环境保护、劳保安全和消防等各项要求。

二、实验性培训班期及学员花名册

学院针对西式面点师职业培训包的职业标准进行实验性培训，以某一期培训为例，由于鉴定人数较多，故仅将培训企业名单列出，详见表 12-3。

表 12-3　鉴定人员表

人员类别	培训单位	证书等级
社会人员	津南区退伍士兵	中级
在校学生	天津现代职业技术学院 河北工业大学 贵阳职业技术学院	中级、高级 中级 高级
企业人员	天津市津乐园饼业有限公司 天津市好利来食品有限公司 宝坻区食品行业企业 津南区食品行业企业 静海区食品行业企业	高级、技师 初级、高级、技师 高级 高级 高级
高校教师	国家高职“生物技术”专业教师	高级

三、职业技能鉴定结果

（一）参加培训人员总成绩的基本情况

以某一期培训为例，参培人员的总成绩分布情况如下：获得 70~79 分的人数占总体参培人员的 60%，80~89 分的人数占 23%，整体成绩中等偏上。学员理论知识部分平均分数为 82.5 分，实际操作部分学员的平均分数为 80.8 分。

（二）考生通过率与成绩分析

考生总体通过率为98%，说明本次培训效果较好，被培训人员对于培训内容掌握较好。技师等级与高级等级考试各自分别有7%与1%的不通过率，这是由于考题的难度增加所出现的正常情况。

在80~89分区间，4个等级考试成绩人数所占各自总人数的比例依次减少，从初级到技师依次为40%、36%、21%和18%，70~79分区间内的成绩也整体呈现由多到少的趋势，这两个区间的成绩趋势可以反映出试题难度具有一定梯度，且梯度适中。

综上，职业培训包试题难度适中，且参培人员对于综合知识掌握率较高，培训效果较好，能够满足想要从事以及正在从事西式面点相关工作的人员进行自我提升的要求，能为社会培养符合行业需求的相关人才。

四、"职业培训包"职业指南分析及建议

西式面点师培训包通过培训，使学员了解工作岗位及工作任务，掌握相关的理论知识和职业技能，具备基本的职业素质，并在此过程中取得相应的职业资格证书，使学员的培训具有可持续发展性。西式面点师培训包的建立使得使用者在应用过程中体现出以下特点。

1. 西式面点师培训包职业指南内容充实

西式面点师培训包中职业层次共分为5级，分别为西式面点初级工、西式面点中级工、西式面点高级工、西式面点技师、西式面点高级技师。培训包中对每一个职业层次进行了职业标准、教学内容、教材、教学形式、考核标准、师资标准、实训条件等方面的诸多说明。

2. 西式面点师培训包职业指南指向性明确

西式面点师培训包针对培训内容，提供职业技能岗位参考。学员通过培训，可以取得相应级别的职业资格证书，并能持证独立上岗操作。

3. 西式面点师培训包职业指南便于使用者选择

西式面点师培训包注重使用者选择的便捷性。用人单位、培训机构及学员可以通过培训包了解培训内容、岗位职能及技能要求，按照职业需求自行选择所需培训的内容和考取相应的职业资格证书。

为了充分发挥西式面点师培训包的功能，满足使用者对于培训包的要求，建议加强培训力度，通过增加理论知识和技能水平的培训，提高使用者的综合能力。此外，培训过程中应及时更新培训内容和培训方法，力求与时俱进，完善西式面点师培训包的内容。

五、“职业培训包”培训指南的分析及建议

培训指南包括模块化(菜单式)培训体系,即培训方案和培训计划。模块化培训体系是培训包的重要部分,是按技能认知、形成的规律设计的培训方案,其中包括对培训内容、培训模块、培训评价的具体描述和对培训条件、培训方法的具体说明。

通过实验性培训,西式面点师培训包培训指南具有以下特点。

西式面点师培训指南紧密结合在任务模块中完成典型工作应具备的知识、技能和综合职业能力要求设计模块课程,而其中每个单项知识和技能又作为任务模块中的能力单元。一门模块化课程可对应职业标准中的一个或几个“职业功能”。每个能力单元对应职业标准中的一项工作内容。一个能力单元对应一个实训项目,实训项目中可含多项实训任务。每个实训任务又必须与培训标准中的能力单元要素(学习目标)和技能实作指标建立对应关系。

西式面点师培训包培训指南包含课程类型、培训形式、课程资源、学时、培训环境条件和鉴定等内容,不仅为培训单位、用人单位和学员指明了与培训相关的所有内容,更为其选择适合的模块和方式进行培训与学习提供了有效的保障。

六、“职业培训包”考核指南的分析及建议

西式面点师培训包考核指南是为学员技能考核提供服务的窗口,包括申报条件介绍、考核形式介绍、考核细目介绍、报考方法介绍、证书情况介绍等。

1. 西式面点师考核指南具有明确的针对性

西式面点师培训包考核指南明确了对各级别西式面点师的考核标准、考核方式和考核内容,明确了学员在各级西式面点师培训后将达到的能力水平,针对不同人群对西式面点师的学习要求,分别制定了西式面点初级工、西式面点中级工、西式面点高级工、西式面点技师、西式面点高级技师 5 个不同等级的考核标准和考核知识点、技能点。

2. 西式面点师考核指南具有较强的实用性

学员可以根据具体的申报条件,结合自身专业水平,选择适合的等级进行考核,并可根据所选择的不同等级的考核知识点和技能点进行复习,最终达到考核要求。培训机构可以根据不同等级的西式面点师考核指南中的相关考核技能进行培训,对理论知识进行讲解,规范学员的操作技能训练,使学员掌握相关的知识点和技能要点并掌握考核重点,帮助学员顺利通过西式面点师的技能考核。

用人单位可根据考核指南的具体要求,选择相关的职业工种和等级,对本单位在岗人员进行培训或选择相关的培训机构进行培训,使员工达到相应的技能水平。西式面点师培训包的考核指南同样应与时俱进,不断发展。因此,建议西式面点师培训

包考核指南应根据考核标准的修改进行定期修订，以适应行业的发展和企业的需要。

七、“职业培训包”课程资源的分析及建议

课程资源是为培训对象提供的系统的学习材料，是为培训机构提供教学指导的材料。课程资源是培训包开发的动态资源，重点是模块（整体设计）与开发、教学资源积累。

1. 课程资源的多样性

西式面点师“职业培训包”课程资源具有多样性的特点，包括校内资源、校外资源和网络化资源，可以满足不同技能水平的学员、培训机构、企业的需要。

校内资源主要包括本校教师、实验室以及其他各类教学设施和实践基地等。校外资源主要指公共图书馆、校外学科专家、研究机构、有关政府部门等广泛的社会资源及丰富的自然资源。网络化资源主要指多媒体化、网络化、交互化的以网络技术为载体开发的校内外资源。

“职业培训包”课程资源为学员学习不同等级的西式面点师知识提供了系统的学习资料，学员可以利用相关的校内资源（教师对西式面点师理论知识的讲解）、校外资源（查阅图书馆相关资料）和网络化资源（上网查阅相关的知识点和问题）对西式面点师的理论知识点和技能操作点进行详尽的学习。培训机构也可以课程资源作为西式面点师培训的依据，使学员达到良好的培训效果。

2. 课程资源的先进性

西式面点师“职业培训包”课程资源是以学员现状、食品企业单位的用人需求作为出发点进行开发的。相关机构对学员的素质现状进行调查分析，明确学员的需求和希望达到的技能水平，学员通过西式面点师“职业培训包”课程资源的学习提高理论素养和操作技能。

国际标准、国家标准和食品行业标准仍在修订中，对西式面点师的知识、能力和素质要求也会不断变化，因此西式面点师培训包的课程资源同样应与时俱进。因此，建议西式面点师培训包的课程资源应根据考核标准、考核知识点的修改进行定期修订，以适应行业的发展和企业的需要。

八、“职业培训包”学习资源的分析及建议

学习资源是西式面点师“职业培训包”资源包的重要组成部分，包括学习指南、练习题册、模拟试卷等为保证培训质量、方便学员学习训练的资料。丰富的学习资源可供培训对象、培训教师、培训机构使用，是协助教师培训、指导学员学习和训练的好帮手。

“职业培训包”学习资源以西式面点师职业培训课程模块划分为依据，结合重点、难点的分布，涵盖学习指南、试题等资源。学习资源指导学员掌握适宜的学习方法，有利于提升学员学习水平；推荐相关的参考文献，有利于拓展学员技能；配有丰富的试题，有利于学员的自测和考核，以便及时查漏补缺。总之，学习资源使广大教师、学员能够方便、快捷地使用优质资源，使教师在教学中“满足教学需求”，使学员在培训中“满足培训需求”，使鉴定机构在考核中“满足鉴定需求”。

随着社会的发展，网络化、数字化、信息化是现代职业培训的大势所趋，因此，建议建设信息化学习资源平台，建设包括数字图书馆、网络课程、教学资源库等在内的大量的数字化资源，同时也要提高学员对资源的了解程度、资源的利用意识及检索能力，以期促进学习资源形式的多元化，从而有效提高培训质量。

九、“职业培训包”信息资源的分析及建议

信息资源是西式面点师“职业培训包”资源包的重要组成部分，通过职业领域信息介绍、职业技术水平案例展示等多种途径让培训包的使用者更多地了解、熟悉职业领域发展的动态及基本状况。丰富的信息资源为培训教师和培训对象提供了获取和利用信息的良好途径，也为他们的教学和学习提供了有益参考，有助于提升教师培训、学员学习的效率和效果。

了解职业发展动态信息可以使学员明晰食品行业未来发展的主要方向，正确规划自己的职业发展之路，合理定位，明确个人适合做、喜欢做的工作、岗位，提高学习动力，促使自我素质提升，避免迷茫和彷徨，争取更好的事业发展前景。职业技能新技术应用案例有助于教师和学员把握食品行业技术的发展动态，关注技术前沿，掌握技术发展方向，明确学习方向，提高技术能力，提升业务水平，更好地适应行业发展的需要。

附录　天津市“职业培训包”开发项目封面信息

天津市职业培训包

《食品检验工》

TJB 6-26-01-08

项目开发人员

项目负责人:王立晖

项目开发人:李　达　刘　鹏　吕春晖　侯　玮　牛红军
刘　佳　殷海松　刘　皓　揣玉多　杨庆伟
李晓阳　路冠茹

审　稿　人:王　芃

开发单位:天津现代职业技术学院

合作开发单位:天津市津乐园饼业有限公司

主管单位:天津市职业培训包项目开发领导小组

天津市职业培训包

《钟表及计时仪器制造工》
TJB 6-26-01-02

项目开发人员

项目负责人：李　军
项目开发人：陈振东　苏　婷　李亚东　杨建彪　王晶晶
赵跃武　张景栋　李　妍　刘　晨　黄　达
贾　强
审　稿　人：刘仲海

开发单位：天津现代职业技术学院
合作开发单位：天津海鸥表业集团有限公司
主管单位：天津市职业培训包项目开发领导小组

天津市职业培训包

《啤酒酿造工》
TJB 6-12-04-02

项目开发人员

项目负责人：李　达
项目开发人：王立晖　黄艳玲　张铁斌　刘　皓　刘　晨
王刘佳　刘　涛　安　娜　汤卫华　曹震伟
审　稿　人：王　芃

开发单位：天津现代职业技术学院
合作开发单位：华润雪花啤酒（天津）有限公司
主管单位：天津市职业培训包项目开发领导小组

天津市职业培训包

《白酒酿造工》
TJB 6-12-04-01

项目开发人员

项目负责人:汤卫华
项目开发人:张　乐　龙　尾　陈　珊　殷海松　刘鑫龙
吕春晖　苑　鹏　高芦宝　范兆军　高　媛
王玉姝　程秀玮
审　稿　人:王　芃

开发单位:天津现代职业技术学院
合作开发单位:天津津酒集团有限公司
主管单位:天津市职业培训包项目开发领导小组

天津市职业培训包

《西式面点师》
TJB 6-03-02-02

项目开发人员

项目负责人:范兆军
项目开发人:魏　玮　侯　婷　安　娜　傅　维　马倩影
　　　　　　汤卫华　岳　鹍　揣玉多　侯　玮　王　鹿
审　稿　人:王　芃

开发单位:天津现代职业技术学院
合作开发单位:天津市津乐园饼业有限公司
主管单位:天津市职业培训包项目开发领导小组